Spieker · Mehrwert

Markus Spieker

Mehrwert
Glauben in heftigen Zeiten

johannis

Bibliografische Information der Deutschen Nationalbibliothek
Die Deutsche Nationalbibliothek verzeichnet diese Publikation
in der Deutschen Nationalbibliografie; detaillierte bibliografische
Daten sind im Internet über http://dnb.d-nb.de abrufbar.

ISBN 978-3-501-05182-5

Bestell-Nr. 05182
© 2007 by Verlag der St.-Johannis-Druckerei, lahr/Schwarzwald
Umschlagbild: © ARD/Steffen Jänicke
Umschlaggestaltung: Friedbert Baumann
Gesamtherstellung: St.-Johannis-Druckerei, Lahr/Schwarzwald
Printed in Germany 16486/2007

www.johannis-verlag.de

Inhalt

1.0 **Wertedämmerung:** Krisengipfel   6

2.0 **Glaube:** Standortsicherung   26
   2.1 Gotteserkenntnis: Der Grund, auf dem
     wir schwimmen   27
   2.2 Selbstbewusstsein: Schön kaputt   46
   2.3 Weltkritik: Es ist nicht, wie es ist   57

3.0 **Hoffnung:** Agendasetting   79

   3.1 Jetzt: Love & Order   84
   3.2 Immer: Ewig währt am längsten   95

4.0 **Leben:** Die Technik der Liebe   108
   4.1 Seelentraining: Verliebt in einen Unsicht-
     baren   111
   4.2 Körperpflege: Satt und sauber   123
   4.3 Kirchenwachstum: Gott für alle,
     alle füreinander   138
   4.4 Weltverbesserungsmaßnahmen: Erste Hilfe   153

1.0 **Wertedämmerung:**
Krisengipfel

Man soll in diesen spätmodernen Zeiten mit Werturteilen vorsichtig sein. Aber ich lege mich fest. Die beste Pizza in der Hauptstadt gibt es bei den »12 Aposteln«, einem Restaurant innerhalb von S-Bahn-Katakomben. Mein Favorit ist die »Pizza Johannes«: wagenradgroß, mit Tomate, Mozzarella, italienischem Schinken, Sardellenfilets. Irre lecker, gut bekömmlich. Ganz im Gegensatz zu den Briefen des Namensgebers, die zu den besonders schwer verdaulichen in der Bibel gehören: »Die Welt vergeht mit ihrer Lust«, schreibt der Apostel an verfolgte Christen, »aber wer den Willen Gottes tut, der bleibt in Ewigkeit.« Es ist schwer geworden, Gottes Willen zu tun. So zu leben, wie Jesus, die Apostel und die Heiligen der letzten 2000 Jahre es gelehrt haben: gottesfürchtig, liebevoll und – Altphilologen kennen das Wort vielleicht noch – keusch.

Gleichzeitig war das Leben vielleicht noch nie so schön wie heute, die Welt noch nie so lustvoll. Das denke ich jedes Mal, wenn ich die Schönhauser Allee entlangflaniere, vorbei an den Restdekorationen der fröhlichsten Fußball-WM aller Zeiten, vorbei an den jungen Menschen, die mit ihren iBooks vor den Coffee Shops sitzen. Ich bin verliebt in Berlin, der pleitesten Hauptstadt Europas, wo die Mauernarben von Designerläden zugepflastert sind, die alle eine Botschaft aussenden: Mach, worauf du Lust hast, bis dir was Besseres einfällt.

Dieses Buch ist keine gesellschaftspolitische Streitschrift, auch keine Frömmigkeitsfibel. Dieses Buch ist als Selbstvergewisserung gedacht, als Überlebenshilfe und als Aktionsplan: für mich und alle, die versuchen wollen, in diesen heftigen Zeiten richtig zu glauben. Manche werden es merkwürdig finden, dass kein Theologe, sondern ein Journalist ein solches Buch verfasst. Mein Job ist es normalerweise, die Welt zu beschreiben, wie sie ist, nicht, wie sie sein sollte. Ich will in den folgenden Kapiteln beides versuchen. Kierkegaard sah im Journalismus den »tiefsten Abfall des Menschengeschlechts von Gott«, er drohte einmal: »Wenn ich Vater wäre und ich hätte eine Tochter, die verführt worden wäre: Über sie würde ich nicht verzweifeln; ich würde auf Rettung hoffen. Wenn ich aber einen Sohn hätte, der Journalist würde und es fünf Jahre lang bliebe, ihn würde ich aufgeben.« Ich gehöre mittlerweile sieben Jahre zu dieser Zunft, habe mich davor in historischen Oberseminaren herumgetrieben, davor als erfolgloser Drehbuchautor in Hollywood. Ich komme aus einem Pfarrhaus, fromm evangelisch. Ich weiß nicht, ob meine Eltern über alles froh sind, was ich von der Welt sehe. Immerhin haben sie dafür gesorgt, dass ich alles durch die Brille des Glaubens sehe.

Meine vorläufige Weltbesichtigungsbilanz fällt reichlich deprimierend aus. Aber: Wer die Verhältnisse ändern will, muss erst an ihnen leiden. Wir driften weiter weg von Gott. Als Autorität ist er abgeschafft, nun kommt er als Mode und Möglichkeit wieder. Und mit Gott dämmern auch die Werte weg, wo er verschwindet, walten Gespenster und Gefühle. Die Christen fallen als gegenkulturelle Kraft weitgehend aus, weil sie sich lieber an säkulare Trends anhängen, als sich davon abzukoppeln. Die Zahl der Heiliggesprochenen steigt von Jahr zu Jahr, die Zahl der Heiliglebenden geht, soweit ich das beurteilen kann, kontinuierlich zurück. »Es werden Menschen selten«, bemerkte der Philosoph Arnold Gehlen bereits vor einem halben Jahrhundert, »die aus persönlichen, verinnerlichten Wertehaltungen heraus nach Prinzipien handeln, die es gestatten, eine Gesamtorientierung über den zufälligen Wechsel der Situationen hinaus festzulegen.«

Daran ändert auch die viel beschriebene Rückkehr der Religion nichts. Ich finde eigentlich nur überraschend, dass viele davon überrascht sind, dass die allgemeine Retro-Welle auch die Religion erfasst. Nach Kim Wilde, Boy George und Kajagoogoo darf nun auch der Allmächtige wieder kommen. Religion bedeutet ursprünglich »Rückbindung«. In Zeiten unsicherer Zukunftsperspektiven binden wir uns an alles Mögliche zurück, an die Heimat, an die Nation, an die Kirche. Das heißt: Wir binden uns natürlich nicht, wir nehmen lockeren Kontakt auf. Und warten, die Arme vor der Brust gekreuzt, was es uns bringt. Der radikale Säkularismus, die letzte große Einheitsideologie der Intellektuellen, ist ausgereizt, die »Alles-muss-raus«-Werteverscherbelung ist weitgehend abgeschlossen. Nietzsches »toller Mann«, der mit einer Laterne bewaffnet am hellen Tag »Gott ist tot!« durch die Stadt posaunte, sitzt nun frustriert alleine vor dem Computer und klickt sich durch Pornoseiten. Wir sind nicht klüger und glücklicher als vorher, deshalb bereit für einen Neuanfang mit »dem da oben«. »Ich habe dir vergeben, Jesus«, singt der britische Popbarde Morrissey.

Wollen mer'n wieder reilasse? Man gönnt sich ja sonst alles.

Die traurige Wahrheit ist, dass Gott im Bewusstsein der meisten Feuilletonisten, die über sein Comeback schreiben, nach wie vor mausetot ist. Er liegt – als Begriff, als Vorstellung, als Erinnerung, als Option – auf dem Seziertisch, und die Organentnahme beginnt. Wäre doch schade um die schönen Rituale und Geschichten. Die einen wollen Gott als Wertestifter reaktivieren, als eine Art Hausmeister, der dafür sorgt, dass der Flur nicht zugemüllt und die Einfahrt nicht zugeparkt wird. Andere treibt die wissenschaftliche Neugier zurück zur Religion. Sie schieben Nonnen in Kernspintomographen und messen die rechtshemisphärischen Gehirnströme. In der Unterhaltungsindustrie war die Religion als Symbol-Fundus ohnehin nie wirklich weg. Neuerdings räkeln sich die Models auf Titelblättern gerne mit Kruzifixen vor den nackten Brüsten. Madonna lässt sich kreuzigen. Und im Plattenladen gibt es Choräle zum »Chillen«; die dazugehörige Werbung verspricht »einen Genuss für die Sinne, eine relaxte Klangwelt aus beruhigender Lounge- und andächtiger Worship-Musik«. Dann gibt es noch die Sinnsucher wie den Entertainer Hape Kerkeling, nach Selbstauskunft »eine Art Buddhist mit christlichem Überbau«, der auf dem Jakobsweg Gott begegnet sein will. Vor allem aber, das gibt er im Vorwort zu, suchte und fand er sich selbst. Auch der Moderator Frank Elstner machte sich auf den Pilgerweg. Die »Bunte« titelte: »517 Kilometer bis zum Glück.«

»Der Glaube ist flexibel genug für jeden Lebensentwurf geworden«, jubelt ein Berliner Szenemagazin. Auf die

9

Frage »An was glaubst du?« antwortet in der Zeitschrift »Neon« die 35-jährige Anja mit: »Daran, dass jeder an etwas glaubt.« Mein Gott ist okay, dein Gott ist okay, kein Gott ist okay. Bedenklich, dass auch Christen in dieser konsequenzfreien Retrospektive eher einen Neuanfang als einen Niedergang sehen wollen. Die Annahme, dass irgendeine Religion besser sei als gar keine, ist alles Mögliche – aber sie ist nicht biblisch. Aktuelle Bestseller, die die »Rückkehr der Religion« beschreiben, kommen bezeichnenderweise aus, ohne ein einziges Mal den Namen Jesus zu erwähnen. Wir suchen im Rückspiegel nach dem christlichen Glauben, aber der »König der Könige« befindet sich im toten Winkel. »Religion wird immer wichtiger«, behauptet der Skandalkünstler Christoph Schlingensief, »weil wir Relikte brauchen, Relikte vom Metaphysischen.« Gott ist auf dem Grabbeltisch gelandet. Schön, dass er irgendwie *da* ist, aber nicht *hier,* als ehrfurchtgebietender »Vater unser«. Politiker beschwören das »christliche Menschenbild« bzw. das »christlich-humanistische Erbe«, trennen es aber von jedem Jenseitsbezug und wundern sich, dass es keinerlei Bindungskraft entfaltet. Die immer schneller rotierende Welt fährt mit uns Achterbahn, wir rasen auf die Loopings zu – und halten die Gurte selbst in der Hand, haben nichts, woran wir sie festmachen können. Es gibt erwiesenermaßen einen Zusammenhang zwischen Religion und Wertebewusstsein. Wer nicht glaubt, lebt Umfragen zufolge hedonistischer. Mich erinnert das an den Klospruch: »Gott ist tot, Nietzsche ist tot – und mir ist auch schon ganz schlecht.« Wir können auf Gott eindreschen, aber die blutige Nase holen wir uns selbst.

Mein Eindruck ist, dass der Religions-Hype inzwischen schon wieder abebbt. Die Theaterstücke mit biblischen Bezügen verschwinden von den Spielplänen. Beim Berliner »Artforum«, der wichtigsten Messe für Gegenwartskunst, präsentierten 1600 Künstler ihre Malereien, Skulpturen und Installationen. Ich habe außer ein paar gratismutigen Blasphemikern keinen gefunden, der Gott in den Mittelpunkt seiner Arbeit gestellt hätte. In der »ZEIT«-Rubrik »Ich habe einen Traum« kommen erstaunlich viele Prominente zu Wort, die von einer »Welt ohne Religion« träumen, zuletzt der Autor Ian McEwan und der Musiker John Waters.

Die neue Shell-Jugendstudie kommt gleich im Vorwort zur Sache, mit der lakonischen Zwischenüberschrift: »Keine Renaissance der Religion«. Kaum mehr als ein Viertel aller in Deutschland lebenden 12- bis 25-jährigen glaubt an den christlichen Gott, nicht einmal jeder Zwanzigste kommt aus einem »sehr religiösen« Elternhaus, Jugendliche aus Einwandererfamilien ausgenommen. »›Religion light‹ im Westen, ungläubiger Osten und ›echte‹ Religion der Migranten« gliedern die Autoren die religiöse Deutschlandkarte. So und nicht anders sieht die Zukunft des Christentums in Deutschland aus, da helfen alle »Leuchtfeuer« nichts, die die Kirchen auf dem feuchten Holz ihrer theologisch morschen Fakultäten und Synoden entzünden wollen.

Ich habe meine Jugend in der Mitte Deutschlands zugebracht, zwischen Siegen und Wetzlar, einem Landstrich, der im vorletzten Jahrhundert eine echte Rückkehr der Religion erlebte. Damals sprach man von »Erweckung«, die Auswirkungen waren sichtbar: volle

Kirchen, emsige Bibellektüre, radikal veränderte Lebensweisen. »Gott, sei mir Sünder gnädig«, betete man damals. »Ich könnte mir vorstellen, dass es da noch was gibt«, sagt man heute. Statt von einer »Generation Gott« müsste man von einer »Generation, ach Gottchen« oder einer »Generation iGod« sprechen.

Nicht mal die Hälfte der Deutschen glaubt an ein Leben nach dem Tod, nicht mal jeder Vierte hält den Glauben für so wichtig, dass er ihn an seine Kinder weitergeben will. Die jahrhundertealten Vermittlungsketten reißen langsam aber sicher ab. Ich will nicht in Abrede stellen, dass hinter der angeblichen Glaubenssehnsucht echte Sinnfragen stehen. »Du weißt nur, was du hast, wenn es weg ist«, heißt es in einem Joni Mitchell-Song. Noch einmal Goethe: »Ach, diese Lücke! Diese entsetzliche Lücke!« Den jungen Werther, der hier heult, quälte Liebeskummer, uns die Gottverlassenheit. In dem Revoluzzer-Drama »Die fetten Jahre sind vorbei« klagt die Heldin: »Das Problem ist einfach, dass ich nirgendwo etwas sehe, woran ich wirklich glaube.« Dass mit lustig Schluss ist, haben die meisten begriffen. Jetzt warten sie, dass endlich einer Ernst macht, Ideale beschreibt und sie auch vorlebt. Doch scheinbar hatte Kafka Recht mit seiner Einschätzung der Menschen: »Wegen der Ungeduld sind sie aus dem Paradiese vertrieben worden, wegen der Lässigkeit kehren sie nicht zurück.« Die verheirateten Prominenten, die eben noch über christliche Tugenden schwadroniert haben, präsentieren in Boulevardzeitungen kurz darauf ihre neuen Geliebten. Hiphop-Stars wie P. Diddy brüsten sich ihrer Gläubigkeit; aber allem Anschein nach sind ihnen ihre protzigen Goldkettchen wichtiger als die Kreuze, die daran baumeln. »Sie lieben die Wollust mehr als Gott«, seufzte der Apostel Paulus über den Mainstream seiner Tage, »sie haben den Schein der Frömmigkeit, aber deren Kraft verleugnen sie.« Das Popsternchen Sophie Ellis Bextor singt: »Ich bin nicht gut darin, nicht zu kriegen, was ich will.«

Menschen haben offenbar ein prinzipielles Problem, mit Wohlstand umzugehen. »Oh, wie viel Finsternis wirft großes Glück über unseren Geist«, seufzte der Graf la Rochefoucauld, und auch Seneca wusste: »Es bedarf größerer Tugend, das Glück zu ertragen als das Unglück.« Während die meisten unserer Vorfahren damit beschäftigt waren, zu überleben bzw. richtig zu leben, geht es uns darum, angenehm zu leben. Das Gute, Wahre, Schöne – ersetzt durch das Erfolgreiche, das Interessante, das Auffällige. Man kann die Zivilisationsgeschichte begreifen als ein fortschreitendes Bemühen, Kontrolle über das eigene Schicksal zu gewinnen und gleichzeitig die eigenen Freiheitsräume zu erweitern. Dank technischer Errungenschaft hatten wir noch nie so viel Kontrolle wie heute, aber auch noch nie so viel Emanzipation von Gott. Mittlerweile spüren wir, dass wir zu weit gegangen sind, uns an die eigenen Konsumwünsche bzw. die Konsumangebote des Marktes versklavt haben. Längst geht es nicht mehr nur darum, die Außenwelt durch neue Erfindungen lebensfreundlicher zu gestalten. Chirurgen und Biotechnologen schreiten zum Re-Design unserer Körper, die Unterhaltungsindustrie kolonialisiert unsere Fantasie. Dabei gilt das Prinzip: Gier essen Seele auf; was geht, wird gemacht. Zwischendurch wird in den Medien antizyklisch über eine »Renaissance der Manieren« oder einen »Trend zur Bürgerlichkeit« berichtet. Dann kommt das nächste tabubrechende Filmfestival, der nächste kalkulierte Skandal. »Im Pop zählt wieder das Schwule, Verruchte und Exzentrische«, verkündet die ZEIT. Pornografische Details wie der durch Bill Clinton popularisierte »Blowjob« sind auch im Fernsehen nichts Besonderes mehr. Mit der Verbreitung des Internets ist es endgültig unmöglich geworden, die Gülle wegzupumpen. Sodom ist immer nur einen Mausklick entfernt vom Büro oder Kinderzimmer.

Tragisch ist nicht nur, dass unsere Gesellschaft den Aus-Knopf nicht mehr findet, sondern schon die Suche danach zensiert. Der Tabuknacker kann allenfalls mit Nichtbeachtung bestraft werden; normalerweise wird er mit Aufmerksamkeit belohnt; der Anstandsverletzung sind nach unten praktisch keine Grenzen gesetzt. Der Weg in die andere Richtung ist hingegen zubetoniert. Das bekommt jeder zu spüren, der sich kritisch über bestimmte Lebensformen äußert. Gute Chancen, nicht mehr auf Empfänge oder in Talkshows eingeladen zu werden, hat auch, wer die Abtreibungsdebatte neu aufrollen will oder das Postulat von der Gleichwertigkeit aller Religionen in Frage stellt.

Der Konformitätsdruck wächst. Widerstehen könnten nur Menschen, die ihre Identität von Gott herleiten und ihr Leben auf ihn ausrichten. Doch offenbar hat unser Volk nicht nur die Bosse und Politiker, die es verdient, sondern auch die Geistlichen. Die Priester und Propheten sind zu Coachs und Trendbeobachtern mutiert. Sie suchen den Dialog, statt das Evangelium zu proklamieren. »Nach ihren eigenen Gelüsten werden sie sich selbst

Lehrer aufladen, nach denen ihnen die Ohren jucken«, prophezeite der Apostel Paulus. Wahrer Idealismus hat heute keine Konjunktur. Man fühlt sich an die Zwischenkriegszeit des letzten Jahrhunderts erinnert. »Als die Generation geboren wurde, der ich angehöre, fand sie die Welt ohne Stützen für Leute mit Herz und Hirn vor«, konstatiert der traurige Held aus Fernando Pessoas »Buch der Unruhe«, für ihn gibt es »keinerlei Sicherheit in religiöser Hinsicht, keinerlei Halt in moralischer Hinsicht«. Das religiöse und moralische Freeclimbing ist inzwischen noch gängiger geworden, die Sehnsucht stumpfer, die Schönheit billiger.

Manchmal jogge ich am Gefängnis in Berlin-Tegel vorbei. Irgendwo hier war vor etwas mehr als 60 Jahren Dietrich Bonhoeffer inhaftiert. Wie für viele der heute verehrten Glaubenshelden galt für ihn zu Lebzeiten: Der Misserfolg gab ihm Recht. »Nur der Gehorsame glaubt«, war Bonhoeffer überzeugt. Für den Historiker Edward Gibbon wuchs die urchristliche Gemeinde vor allem wegen der folgenden Charakteristika: ihrem »unbeugsamen und unduldsamen Eifer«, ihrer »reinen und strengen Moral«, ihrer »Einheit und Disziplin« und ihrer »Lehre des künftigen Lebens«. Ab dem 2. Jahrhundert kamen die meisten Kirchenväter, von denen wiederum viele als Märtyrer starben, aus gebildeten und wohlhabenden Familien. Kompetenz und Konsequenz – offenbar ist es dieser Mix, der christliche Führungskräfte auszeichnet. Auch spätere Kirchenreformer wie die aus angesehenen Juristenfamilien stammenden Pietisten Philipp Jakob Spener und August Hermann Francke legten die Frömmigkeitslatte nicht tiefer, sondern höher. Heute bauen die Kirchen die ethischen

Geländer ab, während eine technikgetriebene, komplett wertefreie Unterhaltungsindustrie ihre ego-orientierten Manipulationskünste perfektioniert.

In der Bibel macht Gott vor allem das eigene Bodenpersonal für gesellschaftliche Missstände verantwortlich. Den Seher Jeremia lässt er sagen: »Priester und Propheten gehen mit Lügen um und heilen den Schaden meines Volks nur obenhin, indem sie sagen: ›Friede! Friede!‹ und ist doch nicht Friede.« Und der Prophet Hosea muss der priesterlichen Elite ausrichten: »Mein Volk ist dahin, weil es ohne Erkenntnis ist, denn du hast die Erkenntnis verworfen.« In den letzten Jahren habe ich viele unterschiedliche Gottesdienste, viele christliche Kongresse besucht. Dabei ist mir ein gefährlicher Trend aufgefallen: die säkularen Spielregeln zu akzeptieren und die süßeste, aber giftigste aller säkularen Lügen zu kolportieren: dass alles irgendwie schon gut gehen wird. Wird es nicht. Egal, ob der Welt-GAU heute, morgen oder in 1 000 000 Jahren kommt: Unser eigenes Armageddon ist auf jeden Fall unvermeidbar. Am Ende kriegen wir alle unseren privaten GAU, die ultimative Tragödie, den Tod. Und vergessen wir nicht: In vielen Teilen der Welt, nicht nur im Sudan oder im Irak, gilt schon heute: Apokalypse always. Ich wüsste nicht, warum ausgerechnet wir Deutschen von Gott einen dauerhaften Krisen-Dispens eingeräumt bekommen sollten.

Mich langweilen die Debatten über den »Kampf der Kulturen«. Der Feind ist nicht der Islam, auch nicht der Islamismus, sondern unsere eigene Indifferenz. Die gefährlichsten Barbaren stehen nicht vor der Tür, sondern dahinter, in unseren eigenen Reihen: Trash-Produzenten mit Zuhältermoral, denen wir die Lufthoheit über die Kinderbetten überlassen. Der schon zitierte Edward Gibbon ließ keinen Zweifel daran, warum das Römische Reich untergegangen war. Die Römer waren schlaff geworden, erst im Kopf, dann in den Armen. »An schandbarer Seuche leidet, wer sich der Völlerei und der Unzucht in die Arme geworfen hat«, warnte Seneca, als das Imperium noch auf seinem Zenit stand. In einem Geschäft habe ich zwei Teenagern, beide ordentlich gekleidet, zugehört: »'ne Freundin von mir strippt jetzt. Jeden Abend vier Stunden an der Stange.« – »Verdientse bestimmt gut. Tausend oder Tausendfünfhundert?« – »Kannste vergessen.« – »Kriegt doch bestimmt 'n Haufen Trinkgeld.« – »Nee, muss se alles ihrem Zuhälter abgeben.« Deutschland ist dick und geil geworden, aber statt eine Diät zu verordnen, versuchen die Kirchen, sich in spirituelle Solarien zu verwandeln.

Ich will mich nicht lange mit Lamentos über den Zustand der Volkskirchen aufhalten. Meine eigene, die evangelische ist in bemitleidenswertem Zustand. Finanziell ohnehin: Der Anteil der Kirchensteuerzahler schrumpft in den nächsten Jahrzehnten auf weniger als die Hälfte zusammen. In vielen theologischen Fakultäten bleibt Gott eine Randhypothese, eingesperrt in die Grenzen der menschlichen Vernunft, umwabert von exegetischen Nebelkerzen. Die meisten Synoden kungeln mit dem Zeitgeist, nicht dem von heute, sondern dem der 60er-, 70er- und 80er-Jahre. Berliner Pfarrer zelebrieren christlich-muslimische Himmelfahrtsfeste oder stellen ihre Gemeinderäume für Buddha-Jubiläen zur Verfügung. Nach den Schaukästen zu urteilen, reduziert sich das Angebot vieler Kirchen auf klassische Konzerte. Man könnte den Eindruck bekommen, Jesus wäre nicht Zimmermann, sondern Orgelbauer gewesen. Ansonsten geben die religiös Unmusikalischen den Ton an. Hieß es vom Klerus der Renaissance-Zeit, er würde sich mehr von Astrologen als von Theologen beeinflussen lassen, holen sich Kirchenfunktionäre heutzutage am liebsten Rat von Demoskopen.

Wenn ich über die Konfessionsgrenzen hinwegblicke, fällt mir auf, dass auch dort nicht alles zum Besten bestellt ist, dass man sich auch dort – während die Welt ausfranst – in die vollbesetzte Mitte drängt. Kardinäle lassen sich Karnevalsorden verleihen, Benediktineräbte spielen auf der E-Gitarre »Highway to Hell«. Hölleluja!

Während für die einen Gott nur real ist, wenn sie ihn begreifen, ist er für die anderen nur dann präsent, wenn sie ihn spüren. Selbstrelativierung durch naiven Rationalismus und Anbiederung an das intellektuelle Establishment – der Fallstrick der Landeskirchen; Glaubensduselei – das Verhängnis vieler Freikirchen. Gottesdienste erinnern mich hier zuweilen an Verkaufsveranstaltungen. Kinofilme werden in die Altarräume übertragen, während das Schwarzbrot der Glaubenslehre in Hauskreise outgesourct wird. Um kurzfristig die Besucherbänke zu füllen, werden klassische Werberegeln befolgt: Sei positiv, betone das Ähnliche, nicht das Andersartige des Evangeliums. In den Predigten wird der Mensch mit seinen Sehnsüchten in den Mittelpunkt einer diesseitigen Botschaft gestellt. Der Unterschied zwischen »Mein Wille geschehe« und »Dein Wille geschehe« verschwimmt, die Frage »Wie bekomme ich einen barmherzigen Gott?«

fusioniert mit der Frage »Wie bekomme ich ein perfektes Wochenende?« Auf der Homepage einer evangelikalen Web-Plattform wird Jesus als »der Querkopf aus Palästina« vorgestellt. Jugendpastoren versichern, beim christlichen Glauben ginge es nicht um Dogmen und schon gar nicht um Moral. Doch: Es geht auch um Dogmen. Und es geht um Moral.

Bei Martin Walser habe ich den Satz gelesen: »Man kann Menschen besser beurteilen nach dem, was sie verschweigen, als nach dem, was sie sagen.« Es ist lange her, dass ich in einer Kirche Begriffe wie »Himmel«, »Hölle«, »Satan«, »Weltgericht« gehört habe. Sünde wird als eine Art Bildungslücke beschrieben, nicht als persönliche Schuld vor Gott und den Menschen. Biblische Bücher wie »Josua«, »Jeremia«, »Amos«, die mehr in die Kategorie »Drohbotschaft« als »Frohbotschaft« zu passen scheinen, verschwinden im Giftschrank rücksichtsvoller Pastoren. Dagegen gehören Filme wie »American Beauty« und »Fight Club« mittlerweile zum kanonischen Kirchenwissen; ganze Predigtreihen über Hollywoodproduktionen sind keine Seltenheit. Die neue Pastorengeneration wendet sich von der duttgrauen Weltverachtung ihrer Vorfahren ab. Sie hat ihren popkulturellen Integrationskurs hinter sich, hat begriffen, dass »Das Leben des Brian« komisch ist, hat gelernt, was es heißt, »in der Welt« zu sein. Nur lehrt sie nicht mehr, was es bedeutet, nicht »von der Welt« zu sein. Kein Wunder, dass ihr Gott an den von Morgan Freeman gespielten Weltenlenker in der Komödie »Bruce Allmächtig« erinnert, großonkelhaft und selbstironisch, aber grundverschieden von Jahwe, der die Menschheit zwar erlöst, aber seinen Sohn ans

19

Kreuz und seine menschlichen Getreuen zuweilen ins Martyrium schickt, der Gnade schenkt und Gehorsam verlangt, der liebt wie ein Vater, nicht wie ein Opa, der uns verändern, nicht verhätscheln will. Klagte Bonhoeffer noch über »billige« Gnade, müsste er heute über deren Totalverramschung jammern. Jesu Blut im Doppelpack mit Breakdance-Battles oder WM-Übertragungen. Die Veranstalter berufen sich meistens auf Paulus, der »den Griechen ein Grieche« sein wollte und einmal sogar ein Referat auf dem Athener Areopag vortrug. Davon, dass er eine christliche Talk- und Partykultur etablieren wollte, steht nichts in der Bibel.

»Wir müssen die Menschen abholen, wo sie sind«, wird oft behauptet. Allerdings muss man ihnen auch sagen, wohin die Reise geht. Wenn ich über die unerträgliche Seichtigkeit des Christseins in manchen Kirchen klage, bekomme ich zu hören: »Aber die Gottesdienste sind gut besucht.« Ein zweifelhaftes Erfolgskriterium. »Nur die Handlungen, die auf Dauerhaftigkeit zielen, verdienen unsere Willenskraft, nur die Freunde, die anhalten, unser Begehren«, wusste der Soziologe Emile Durkheim. Ob eine christliche Gemeinde erfolgreich operiert, zeigt sich meistens erst in zehn, zwanzig, dreißig Jahren an der Anzahl von Menschen, die dort eine nachhaltige christliche Tiefenprägung erfahren haben. Es ist etwas anderes, Vereine zu führen, Besucher zu gewinnen und Mitglieder zu rekrutieren, als Menschen zu Jesusnachfolgern auszubilden; ihnen nicht nur beizubringen, »Ja« zu Gott zu sagen, sondern auch »Nein« zum Projekt der Selbstverwirklichung. Christen sind Menschen, die ihr Denken und ihr Leben in eine neue Richtung lenken wollen; für sie gibt es eigentlich nur zwei Werte: Gott und den Nächsten. Geistliches Wachstum geschieht da, wo Menschen lernen, die Anliegen Gottes und die Interessen ihrer nächsten Mitmenschen zu ihren eigenen zu machen, ja, sie im Konfliktfall sogar über die eigenen zu stellen.

Wie schwer das ist, weiß ich selbst aus chronischem Versagen. Deshalb sehne ich mich nach Leitfiguren, die das Wahre zum Wirklichen machen. Die mir beibringen, auf heiligem Boden zu stehen, mich nach heiligen Zielen zu strecken, die mich einführen in die christliche Praxis einer zärtlichen Resistance. »Christsein ist etwas Großes, oder es ist gar nichts«, forderte der evangelische Mystiker Gerhard Tersteegen. Gott im brennenden Dornbusch, statt im harmlos knisternden Kaminfeuer.

Ich wohne nur zwei Kilometer von der politischen Mitte Deutschlands, dem Reichstag, entfernt, aber schon »am Ende der Welt«. Zumindest nennt sich so ein Café in meiner Straße, die unmittelbar neben dem ehemaligen Todesstreifen verläuft. Von meinem Fenster schaue ich auf den »traurigsten Ort der Stadt«, so beschreibt ein Reiseführer den Invalidenfriedhof. Militärhelden sind hier begraben, auch ein paar Nazigrößen verscharrt worden. In einem der letzten erhaltenen Grenzwachtürme befindet sich eine Gedenkstätte für den ersten Mauertoten. Fast jeden Tag sitzt sein Bruder davor und klärt Touristen über die Untat auf. Mich erinnert das immer wieder daran, wie wechselhaft die Geschichte verlaufen kann. Manchmal holt sie lange Luft, dann atmet sie wieder aus, meistens ohne vorherige Ansage. Mich ärgert deshalb der kopftätschelnde Optimismus, der auf christlichen Veranstaltungen inzwischen Vorschrift ist. »Wir brauchen Ermutiger«,

21

blaffte mich ein Zuhörer nach einem Vortrag an. Am liebsten hätte ich ihm den Sponti-slogan zugeraunt: »Hör auf zu weinen, das ist erst der Anfang.« Noch bevor sich die Bundesrepublik offiziell zum Einwanderungsland erklärt, entwickelt sie sich zum Auswanderungsland. Der Exodus hochqualifizierter Fachkräfte hat längst begonnen. In wenigen Jahren wird Deutschland anfangen, richtig alt auszusehen. Es werden weniger Kinder lachen, weniger Kirchen läuten, weniger Menschen sicher und sorglos leben, während der globale Club der Milliardäre immer mehr Mitglieder bekommt. Daran kann kein konjunkturelles Zwischenhoch und keine Koalition, groß oder klein, etwas ändern. Wir sind mit hundert Sachen durch eine Tempo-30-Zone gerast, haben zu viel in den Konsum, zu wenig in die Zukunft investiert, warten jetzt auf den Bußgeldbescheid. Der Fortschritt hat uns ein paar Jahre begleitet und verwöhnt, wir haben uns ihm ausgeliefert, jetzt geht er mit den schnelleren, potenteren Machern in Palo Alto, Bangalore oder Shanghai ins Bett. Die neuen Megatrends heißen Unsicherheit und verschärfter Wettbewerb; der plötzliche Hunger nach Heimat und Werten ist nur eine schwächliche Reaktion darauf.

Aus psychologischen Untersuchungen weiß man, dass Menschen ihre persönliche Situation tendenziell zu positiv einschätzen. »Es wird mich schon nicht treffen«, ist die verbreitete Meinung, auch wenn jeder aufmerksame Zeitungsleser es eigentlich besser, das heißt: schlechter, wissen müsste. »Die Zeit brennt«, beschreibt die Frankfurter Allgemeine Zeitung den Tenor der Sachbuchneuerscheinungen: »Unsere Lebenswelt ist durchgehend porös geworden, überall zeigen sich Risse; was fest gefügt erschien, driftet mit ungeheurem Tempo auseinander; was aussah, als würde es noch eine Weile funktionieren, funktioniert nicht mehr.« Als eines der Berliner Theater, das »Maxim Gorki«, sein neues Programm vorstellte, schrieb ein Kritiker: »In den zehn Auftaktinszenierungen begegnet man vor allem Menschen in Krisensituationen, Selbstmördern, im Hass verbundenen Ehepaaren, Amokläufern und Menschen, die nachts Fernsehgeräte auf die Straße werfen, Autoreifen zerstechen und Geldscheine zerreißen.« Deutschland, ein Notstandsgebiet. Vor ein paar Jahren habe ich Buenos Aires besucht, die von Finanzkrisen geplagte Metropole der schönen Melancholie. Auf den Einkaufsstraßen standen junge Männer und Frauen, die nicht nur gut, sondern auch gut ausgebildet aussahen. Sie verteilten den ganzen Tag lang Werbeflyer, offenbar die einzige Erwerbstätigkeit, die sie fanden. An solche Bilder werden auch wir uns gewöhnen müssen, das heißt: wenn wir nicht irgendwann selbst Einkaufswagen zusammenschieben oder Pfandflaschen einsammeln müssen.

In journalistischen Hintergrundkreisen sehe ich die ratlosen Gesichter von Ministern, höre ihre resignative Einschätzung, dass Politik ja nur »die Kunst des Möglichen« sei. Mehr als schleichender Niedergang ist angesichts der demografischen Entwicklung nicht möglich. Nicht einmal zehn Minuten Gesprächszeit pro Klient haben mobile Altenpfleger heute. Wie viel Zeit werden sie haben, wenn ich alt und semi-dement bin? Eine Minute, oder nur 30 Sekunden, kommt überhaupt noch wer vorbei oder bekomme ich gleich eine Magensonde implantiert? Kürzlich veröffentlichte das Statistische Bundes-

23

amt neue Horrorfakten: die wenigsten Geburten seit Kriegsende, die wenigsten Hochzeiten, die meisten Todesfälle. Die Meldung erschien in den meisten Zeitungen im hinteren Teil unter »Vermischtes«. Die Bürger wollen belogen werden, aber verachten am Ende die Lügner. In einem Gefängnisbrief wunderte sich Bonhoeffer über »die erstaunliche Unfähigkeit der meisten Menschen zu präventivem Handeln jeder Art – man glaubt eben selbst immer noch, um die Gefahr herumzukommen«. Die Gefahrenszenarien sind bekannt: Was, wenn das letzte Ölfass geöffnet wird, bevor ausreichend Windräder rotieren? Was, wenn die Hedge-Fonds-Heuschrecken ihr Kapital aus unseren Firmen abziehen? Was, wenn die Dschihadisten losschlagen? Ein Flegel und eine Webcam genügen heutzutage, um die muslimische Welt in Aufruhr zu versetzen. Und was ist, wenn die moralischen Grenzfragen akut werden: wenn der Alterssuizid zur Regel wird, die Klonlabors in Fließbandproduktion gehen, Wellnessdrogen bei »Karstadt« und »Edeka« erhältlich sind? Was, wenn fleißige Bürger sozial nach ganz unten abrutschen? Der Psychologe C. G. Jung erkannte, dass Patienten, die an Angst leiden, weit gefährlicher sind als solche, die von Zorn oder Hass getrieben werden. Was, wenn die große Angst kommt? Neulich, bei mir im Fitnessstudio: Drei Männer unterhalten sich: »Sag, was du willst: Irgendwann kommt die Umweltkatastrophe.« – »Millionen werden sterben.« – »Dann haben wir auch wieder Arbeit.«

1872, nach französischer Kriegsniederlage und Revolution, schrieb der Schriftsteller Gustave Flaubert: »Als ich mein Land krepieren sah, spürte ich, dass ich es liebte.« Deutschland krepiert nicht, aber in vielen Bereichen siecht es. Deshalb zurück zu meiner Ausgangsthese: Wir brauchen nicht mehr Werte, sondern den entscheidenden Mehrwert: den christlichen Maßstab. Wir brauchen Menschen, die diesen Maßstab furchtlos kommunizieren und die daraus abzuleitenden Werte konsequent leben. Menschen, die nicht mit dem Glauben flirten, sondern Jesus Christus lieben. Ich brauche solche Menschen an meiner Seite, Weggefährten, Mitpilger. Ich habe dieses Buch als Leitfaden für mich selbst und für alle, die nach demselben Weg suchen, geschrieben. Es enthält Reflexionen und Beobachtungen, die wichtigsten kommen aus der Bibel und aus klugen Büchern. Das Glaubensbekenntnis, das doppelte Liebesgebot, der Rest der Heiligen Schrift und die christlichen Praxiserfahrungen der letzten 2000 Jahre – das ist das Ideal, dem ich meine Realität anzugleichen versuche, nach dem Motto: in dubio pro deo – im Zweifel für Gott. Ich will erstens wissen, auf welchem Grund ich stehe, will meine Basis kennen: die Wahrheit, den Glauben. Ich will zweitens den Fokus meines Lebens klären, die Himmelsrichtung meines Denkens, die Hoffnung. Und ich will mir drittens über die Praxis des Christseins im 21. Jahrhundert Gedanken machen, das Produkt aus Glauben und Hoffnung, die dritte und entscheidende Dimension: die Liebe.

Es gibt für Christen viel Anlass zur Sorge, aber nicht zum Verzweifeln. Ich bin, während ich diese Zeile geschrieben habe, noch einmal auf den »traurigsten Ort« gegangen, den Invalidenfriedhof. Auf einem Grabstein steht der bekannte Vers aus dem Römerbrief: »Wir leben oder wir sterben, wir sind des Herrn.« Eigentlich ist es auch ein ganz fröhlicher Ort.

2.0 **Glaube:** Standortsicherung

Der Glaube ist unser Standbein, das Leben unser Spielbein. Klingt kurios? Die Bibel lehrt, dass die richtige Theorie von Gott, den Menschen und der Welt zuerst kommt. Dann die Praxis. »Glaubt ihr nicht, so bleibt ihr nicht«, warnt der Prophet Jesaja. »Erforscht euch selbst, ob ihr im Glauben steht«, drängt der Apostel Paulus. Dabei ist Glauben mehr als ein bloßes »So-tun-als-Ob«. Von Sprachforschern habe ich gelernt, dass das deutsche Wort »Glaube« mit »Liebe« verwandt ist, so viel bedeutet wie »sich etwas lieb und vertraut« machen. Ich mag die Definition des Philosophen Ludwig Wittgenstein, der Glauben als das »leidenschaftliche Sich-Entscheiden für ein Bezugssystem« beschrieben hat. Bonhoeffer fragte: »Was glauben wir wirklich, das heißt so, dass wir mit unserem Leben daran hängen?« Unsere natürliche Tendenz ist es, das Universum klein zu machen, das Wirkliche auf das Sichtbare zu beschränken. Deshalb ist es wichtig, sich immer wieder klar zu werden über das, was man eigentlich glaubt. Dabei geht es längst nicht nur um ein paar Hypothesen zur übernatürlichen Welt. Glauben, verstanden als ganzheitliches Bezugssystem, hat drei Dimensionen: Gotteserkenntnis, Selbstbewusstsein und Weltkritik. In dieser Reihenfolge.

2.1 Gotteserkenntnis: Der Grund, auf dem wir schwimmen

Was glauben wir eigentlich? Ich könnte an dieser Stelle das apostolische Glaubensbekenntnis zitieren. »Ich glaube an Gott den Vater.« Allerdings: Dieses Credo, formuliert kurz nachdem das Christentum Staatsreligion geworden war, dient eher der Negativ-Auslese. Um Ketzer außen vor zu halten. Man kann die Jungfrauengeburt und die Auferstehung der Toten als wahr abnicken und trotzdem nichts begriffen haben. Denn bei dieser Aufzählung von Glaubensfakten fehlen einige elementare Begriffe.

Das Wort »Liebe« kommt nicht vor.

»Ich« komme nicht vor.

Mir hilft es manchmal, mein eigenes Glaubensbekenntnis auf drei Glaubenssätze zu reduzieren: einen Dreiklang, der natürlich ohne Ergänzungen nicht ausreicht, aber das Wesentliche beschreibt:

Gott ist.

Gott liebt.

Gott liebt mich.

Erst bejahe ich die Existenz Gottes. Dann beschäftige ich mich mit seinem Wesen und seinem Wirken. Schließlich erkenne ich meine eigene Rolle in Gottes Weltgeschichte, nicht als Statist, sondern als Gottes Gegenüber.

Das alles ist leichter geschrieben als geglaubt. Gott ist der Grund. Aber meistens stehe ich nicht darauf, sondern schwimme. Als einer, der noch nicht einmal das Freischwimmerabzeichen erworben hat, weiß ich um die

Tücken des tiefen Wassers. Mir geht beim Schwimmen ziemlich schnell die Puste aus, und beim sanftesten Wellenplätschern gerate ich in Panik. So ähnlich geht es mir beim Glauben. Ich vertraue darauf, dass Gott da ist, aber lieber würde ich ihn als festen Boden unter mir spüren.

Neulich habe ich wieder einen stärkeren Seegang erlebt, Windstärke sieben vielleicht. Es war bei einer Geburtstagsfeier. Ich hatte einen besonders bekenntnisfrohen Tag erwischt, blähte mich mit »Gott ist wieder da«-Sprüchen vor einem Partygast auf. Doch der erwies sich als bestens informierter Skeptiker: Die Geschichten des Alten Testaments, nachweislich geklaut beim Gilgamesch-Epos, erklärte er; der Gott Jahwe von exilierten Juden zusammengebastelt aus »El«, »Sohn des Rah« und Dutzenden anderer Gottheiten. Kein Auszug aus Ägypten, keine Posaunen vor Jericho. Zentimeterweise stutzte der Mann meinen Glauben herunter. Ich bin am nächsten Tag zur Stadtbibliothek gegangen, habe nachgeschlagen. Gott sei Dank: Die Behauptungen des Bildungsbürgers waren nicht neu und schon gar nicht bewiesen. Aber meine Bekenntnisfreude war angekratzt. Ich weiß, dass sogar große Glaubenshelden ihre skeptischen Stunden hatten. August Hermann Francke etwa fragte sich zuweilen: »Wer weiß, ob auch die Heilige Schrift Gottes Wort ist? Die Türken haben ihren Koran und die Juden ihren Talmud. Wer will nun sagen, wer Recht habe?«

Ich schwimme nicht gern, im Glauben noch weniger als im normalen Leben. Ich hasse die vielen Warum-Fragen, um die kein denkender Christ herumkommt. Warum will Gott im Alten Testament, dass feindliche Völker niedergemetzelt werden, und lässt uns im Neuen Testament die andre Backe hinhalten? Warum gibt es nicht eine autorisierte Jesus-Biografie, sondern vier Versionen, jeweils nur über seine letzten drei Jahre? Warum gibt es über 30 000 christliche Konfessionen? Warum fällt es mir so schwer, meinen Glauben zu kommunizieren? Wie befremdlich das Evangelium auf Nichteingeweihte wirken kann, hat Kult-Autor Douglas Coupland in »Life after God. Die Geschichten der Generation X« so beschrieben: »Ich wollte gar nicht bestreiten, dass die Existenz Jesu für diese Leute Realität war – es war bloß die Tatsache, dass ich von ihren Erfahrungen in einer Art abgeschnitten war, die keinerlei Verbindung je zulassen würde.« Warum stellt Gott keine besseren Verbindungen her?

»Wenn es keinen Gott gibt, woher kommt das Gute?«, stellte der Philosoph Boethius die Fragen aller Fragen, »wenn es einen Gott gibt – woher kommt das Böse?« Warum hat Gott Auschwitz zugelassen, die Gulags und die Killing Fields? Warum unternimmt er nichts gegen Tsunamis, Hungersnöte, AIDS? Warum ist Gott nicht rücksichtsvoller, nicht berechenbarer, nicht erfahrbarer? Gründen Christen ihr Leben auf Hörensagen und Papyrus? Sind wir nur eine Gemeinschaft von Simulanten? Ich verzichte darauf, wissenschaftliche Untersuchungen heranzuziehen, nach denen es einen Zusammenhang zwischen Religiosität und persönlichem Wohlbefinden gibt. Der Glaube ist nicht wahr, weil er funktioniert. Er funktioniert, weil er wahr ist. Und dafür gibt es vernünftige Argumente.

Glauben lernen.

Gott ist.

Laut evangelischem Katechismus ist Glauben »ein herzliches Vertrauen, welches der Heilige Geist durchs Evangelium in mir wirkt«. Gott offenbart sich in der Bibel, den Zugang dazu schließt der Heilige Geist auf. Wir glauben, weil Gott uns die Augen geöffnet hat. Beweisen kann man das alles nicht. Aber es gibt jede Menge Hinweise, dass wir nicht nur selbstgemachte Leuchtraketen in einen dunklen Himmel abfeuern, sondern ein Licht von außen in unsere Welt scheint. Dabei sind die überzeugendsten Indizien immer noch die klassischen:

- Von nichts kommt nichts.
- Kein Sein ohne Design.
- Wir würden nicht von Gott reden, wenn es ihn nicht gäbe.

Die Existenz von Materie, von Leben, von Bewusstsein – ziemlich schlüssige Anhaltspunkte dafür, dass eine schöpferische Kraft dahintersteht. Albert Einstein beschrieb in seinem letzten Aufsatz seinen Glauben als »diese tiefe, emotionale Überzeugung von der Anwesenheit einer geistigen Intelligenz, die sich im unbegreiflichen Universum eröffnet«. Kein Kunstwerk ohne Künstler. Woher kommen Energie und Information, wenn es keine Energie- und Informationsquelle gibt?

- Etwas kommt von etwas.

Mehr als spekulieren können wir nicht darüber, was und wer am Anfang von Sein und Zeit steht. Derzeit datieren Wissenschaftler den Big Bang auf 13+x Milliarden Jahre zurück. Hundert Millionen Galaxien soll es geben, jeweils mit ein paar hundert Milliarden Sternen, von denen einige tausend Mal größer als die Sonne sind, die wiederum mit geschätzten zehn Millionen Grad Innentemperatur alle Hitzevorstellung übersteigt. Dahinter steht irgendeine Struktur aus Teilchen oder Superstrings oder irgendeinem anderen Elementarprinzip. Vielleicht gibt es ja auch mehrere Universen. Alles jenseits unserer Vorstellungskraft und unserer Erkenntnismöglichkeiten. »Es wird eng für den Schöpfer«, titelte neulich ein Nachrichtenmagazin. Eng ist nur die Gedankenwelt der Wissenschaftler, die glauben, sie hätten die Natur entzaubert. Tausende von Wissenschaftlern sind mit Laserscannern und Elektronenmikroskopen unterwegs. Was können sie gegen die naheliegende Annahme eines Konstrukteurs, eines Schöpfers ins Feld führen? Buchstäblich nichts. Nur Gedankenspiele, aber null Indizien für die unsympathische Vorstellung, dass wir mit wechselnder Besetzung auf einer Bühne spielen ohne Intendant, ohne Regisseur, ohne Publikum.

• Was funktioniert, wurde konstruiert.

Mittlerweile ist das menschliche Genom entschlüsselt. Wir können im Buch des Lebens ein paar Seiten lesen, verstehen können wir davon wenig. Über 23 000 Gene verfügt jeder Mensch, sie steuern das Zusammenwirken von ein paar Trillionen Zellen, von denen jede so komplex wie der Airbus A380 ist. Kein Fundamentalist einer evangelikalen Privatschule, sondern der Nobelpreisträger Henri Bergson erkannte dahinter bereits vor 80 Jahren ein Prinzip der »schöpferischen Entwicklung«. Er machte die Beobachtung, dass »alle Teile des Organismus notwendigerweise aufeinander angelegt sein müssen«. Die Vorstellung, dass etwa Augen sich selbst zusammenbasteln, hielt er für absurd. Heute würde Bergson als »Intelligent Design«-Spinner verspottet. Warum es seriöser sein soll, an »egoistische Gene« zu glauben als an einen Chef-Konstrukteur, bleibt mir so unverständlich wie mein genetischer Code.

Ich behaupte, es gibt eine gefühlte Gewissheit, dass wir mehr sind als Summe von Elementarteilchen. Der christliche Philosoph Robert Spaemann verweist auf die »zielgerichtete Innerlichkeit«, die es in der Natur gibt, den Impuls zum Leben. Die Natur funktioniert nicht nur, sie leuchtet. Pflanzen vegetieren nicht nur, sie blühen. Wir leben nicht nur, wir genießen, wir bewundern. Die Theorie von der Auslese der Tüchtigen hört spätestens kurz nach der Amöbe auf, Sinn zu machen. »Auf welches Instrument sind wir gespannt?«, fragte Rainer Maria Rilke. »Und welcher Geiger hat uns in der Hand?«

• Kein Empfänger ohne Sender.

»Wozu das alles?«, fragt sich eine junge Verkäuferin in Carson McCullers »Das Herz ist ein einsamer Jäger«: »Wozu all die Pläne und wozu die Musik? Wenn dabei nichts weiter herauskam als diese Falle: ins Geschäft, nach Hause zum Schlafen, dann wieder ins Geschäft. Und all die Pläne, die sie in der inneren Welt gemacht hatte? Das alles musste doch für irgendetwas dagewesen sein, wenn es einen Sinn hatte. Und den musste und musste und musste es haben.« Dass der Mensch solche Gedanken denken kann, macht ihn aus und gleichzeitig zum wichtigsten Gottesindiz. Meine grauen Zellen finde ich weit faszinierender als schwarze Löcher, ich halte mein Gehin für die interessanteste Atomansammlung im Kosmos. In jedem Augenblick gibt es dort mehr Funktionszustände als es Teilchen im Universum gibt.

Hirnforscher behaupten, meine Identität sei nur eine Illusion, mein »Ich« ein Produkt von physikalisch-chemischen Reaktionen. Ich lehne es ab, mich als genetische Überlebensmaschine und meine Seele als neuronales Verschaltungsprodukt zu begreifen. Schon aus Selbstschutz. »Wer sich zum Wurm macht«, schrieb Kant, »kann nachher nicht klagen, dass er mit Füßen getreten wird.« Es ist schon ironisch, dass die Wissenschaft, nachdem sie Gott eliminiert hat, nun zur Abschaffung des »Ich« fortschreitet. Dabei muss man schon sehr laborblind sein, wenn man glaubt, das Rätsel »Mensch« über seine DNA entschlüsseln zu können, als Ansammlung von As, Cs, Gs und Ts. Nur 1,5 Prozent meines Genoms unterscheiden sich von dem eines Schimpansen. Aber auf diese 1,5 Prozent kommt es an.

»Wir Menschen sind größer als alle Sterne«, behauptete Pascal, »weil wir sie und uns kennen, sie aber gar nichts wissen.« Der Mensch, das wissende Wesen, aber auch das sehnende und das staunende. Ist Sehnsucht, wie es das bekannte Drama von Tennessee Williams suggeriert, nun die Endstation? Oder ist sie der Startbahnhof, der auf ein Ziel verweist? »Abgründe, endlos, gähnen ums Riff, dem wir verhaftet sind«, beschreibt der christliche Poet Gerard Manley Hopkins den menschlichen Wissensdrang, »Tiefe ruft Tiefen. Das Dunkle bläht sich auf und macht die Seele blind, wenn ihr beherzter Blick durchspäht des Lebens leeres Labyrinth.« Solche Verse kann man nicht zu Sekundäreffeken von Nervenreizen reduzieren, genauso wenig wie Kathedralen und Symphonien. Mich überkommen bei großer Kunstfertigkeit – etwa der Schlusseinstellung von Hitchcocks »Vertigo« oder der Basslinie von »Two Tribes« – regelrechte Schönheitsschauer. Ich bin nicht nur da. Ich bin froh darüber, da zu sein. Und ich bin dankbar dafür, froh sein zu können. Für Chesterton stellte sich der »schlimmste Moment für einen Atheisten« dann ein, »wenn er ein Gefühl großer Dankbarkeit hat, aber niemanden, bei dem er sich dafür bedanken kann«. Wer glaubt, kann danken.

»Religion ist ein Beweis für die Schwäche des Menschen, kein Argument für die Existenz Gottes«, schrieb unlängst in der Süddeutschen Zeitung eine überzeugte Atheistin. Vaclav Havel bezeichnet die Sehnsucht nach Transzendenz dagegen als »ein tief und freudig empfundenes Bedürfnis danach, im Einklang auch mit dem zu leben, was wir selbst nicht sind, was wir nicht verstehen und was uns zeitlich und räumlich entfernt zu sein scheint«. Laut C. G. Jung schließlich »beweist die Erfahrung, dass die Religonen keineswegs bewusster Erklügelung, sondern dem natürlichen Leben der unbewussten Seele entstammen«.

Der Mensch, von Geburt an programmiert darauf, an etwas Größeres zu glauben. Das räumen auch die Hirnforscher ein, die allerdings anschließend mit reduktionistischen Erklärungen aufwarten: Gott als Produkt unseres Gehirns, angesiedelt im Scheitellappen, eine Laune der Evolution. Der Glaube, ausgelöst durch eine Base des

VMAT2-Gens. Gottesbegegnungen, wie der Apostel Paulus sie hatte, verursacht durch eine Beschädigung des rechten Temporallappens. Fromme Ekstase als eine milde Form der Epilepsie.

In Eric-Emmanuel Schmitts Roman »Oskar und die Dame in Rosa« führt eine alte Frau den todkranken Oskar ein in die Kunst, an Gott zu glauben: »Sorg dafür, dass es ihn gibt«, fordert sie den Jungen auf, »jedesmal, wenn du an ihn glaubst, wird es ihn ein bisschen mehr geben.« Gott erscheint auch hier als Konstrukt.

Ich bin dagegen überzeugt: Die religiöse Antenne, mit der wir ausgestattet sind, macht die Existenz einer Sendestation außerhalb von uns wahrscheinlich. »Kein Neuro-Empfangshelm setzt sich selbst auf«, sagt der Theologe Friedrich Wilhelm Graf dazu. Fernando Pessoa behauptete: »In jedem Geist, der nicht missgestaltet ist, existiert der Glaube an Gott.« Er fügte allerdings hinzu: »In jedem Geist, der nicht missgestaltet ist, existiert kein Glaube an einen klar bestimmten Gott.«

Ich glaube an einen klar bestimmten Gott. Den Gott, der sich in der Bibel offenbart hat. Den Gott, der liebt.

Gott liebt.

Love is all around, zum Beispiel auf Bahnhöfen: wenn sich Verliebte in die Arme fallen, wenn Eltern ihren Kindern hinterherwinken, sogar ein paar Meter neben dem Zug herlaufen, dann ahne ich den Sinn der Schöpfung. »Gott existiert, weil meine Liebe nicht illusorisch ist«, wusste die Philosophin Simone Weil. Es gibt den Kosmos, und es gibt den Kuss, die Urgewalt und die Zärtlichkeit, und deshalb ist es vernünftig, auf einen liebenden Allmächtigen zu schließen oder auf einen allmächtigen Liebenden. »Die Liebe ist Gottes erstes Wort, der erste Gedanke, der durch sein Gehirn glitt«, schreibt Knut Hamsun in seiner Novelle »Viktoria«. »Als er sagte: Es werde Licht! Da ward es Liebe.« Liebe ist vielleicht nicht die stärkste, aber die herrlichste aller menschlichen Triebkräfte. »Am Anfang ist die Beziehung«, konstatiert Martin Buber, »alles wirkliche Leben ist Begegnung.« Aus der Glücksforschung wissen wir: Erfolge machen nicht glücklich, sondern gute Beziehungen. Die Zeitschrift »Psychologie heute« bezeichnet Beziehungen als den »Motor unseres Lebens« und räumt auf mit dem Mythos, der tiefste Antrieb des Lebens liege im Konkurrenzkampf. Der Mensch sei vielmehr »ein Wesen, dessen zentrale Motivation auf Zuwendung, gelingende mitmenschliche Beziehungen gerichtet« sei, kurz, ein »auf soziale Resonanz und Kooperation konstruiertes Wesen«. In seinem Buch »Soziale Intelligenz« behauptet Daniel Goleman: »Das Bedürfnis zum Kontakt mit anderen ist gewissermaßen in uns eingebaut.«

Liebesfähigkeit setzt Personalität voraus. Deshalb kann ich mit pantheistischen Glaubensvorstellungen nichts anfangen. Wenn Gott gleichbedeutend mit der Natur ist, also alles göttlich ist, also auch ich göttlich bin, dann ist nichts göttlich und Gott eine Leerformel. Heinrich Heine, der lange Zeit von Hegel inspiriert an einen göttlichen Weltgeist glaubte, überlegte es sich anders, kaum war er schwer krank geworden: »Ich habe den Hegelschen Gott oder vielmehr die Hegelsche Gottlosigkeit aufgegeben und an dessen Stelle das

Dogma von einem wirklich persönlichen Gott, der außerhalb der Natur und des Menschengemütes ist, wieder hervorgezogen.«

»Himmel und Erde sind nicht gütig«, lehrte der chinesische Denker Laotse seine Schüler, »ihnen sind die Menschen wie stroherne Opferhunde.« Ich glaube dagegen an einen Gott, der sich nicht nur für die Menschen interessiert, sondern der sich für sie opfert. »Keiner im Himmel und auf der Erde darf sich dem Allbarmherzigen anders nähern, als nur sein Diener sein zu wollen«, steht in der 19. Sure des Korans. Der Gott, der sich uns in Jesus Christus genähert hat, ist sich nicht zu schade, uns die Füße zu waschen. Ein Gott, der so groß ist, dass er klein werden kann. Ich will an dieser Stelle nicht versuchen, das schwer verständliche Dogma von der Dreifaltigkeit zu erklären – ein Gott, drei Personen. Wichtig an der Trinitätslehre erscheint mir, dass sie Gott als wesenhaft beziehungsorientiert beschreibt. Vater, Sohn und Heiliger Geist sind miteinander vernetzt. In Liebe.

Ich bin damit längst bei Vorstellungen angekommen, die sich nicht alleine kraft unserer Vernunft ermitteln lassen. Dass Gott ist, lässt sich begründen, dass Gott liebt auch noch, der Rest ist Spekulation oder eben Offenbarung. Christen beziehen ihr religiöses Hintergrundwissen aus der Bibel, der von Gott autorisierten Schriftanthologie über seine Geschichte mit den Menschen. Die Bibel enthält Gedichte, Statistiken, Erzählungen. Auch Jesus war bekanntlich der Ansicht, die unsichtbare Welt ließe sich am besten mit Geschichten beschreiben.

Skeptiker werden spätestens an dieser Stelle stutzen. Wie kann man die Bibel so einfach als Gottes Wort bezeichnen? Was ist mit den vielen anderen angeblichen Offenbarungstexten, den unzähligen Mythen aus anderen Kulturkreisen? Was ist mit Isis, Baal, Astarte, Zeus, Odin, Jupiter, Brahma, Huitzilopochtli? Tatsächlich scheint es mir so, als wäre der Allmächtige, der vor 3500 Jahren Abraham erschien, heute der »last God standing«. Der Buddhismus hat keinen Gott, der Hinduismus zu viele, die großen monotheistischen Religionen aber gehen alle auf denselben zurück (allerdings dann unterschiedliche Wege, der Islam nach christlicher Auffassung einen falschen, das Judentum einen unvollständigen). Die Bibel als identitätsstiftende Fabelsammlung frustrierter Exilanten und überhitzter Jesus-Jünger – oder als die von Gott herausgegebene, lektorierte und weltweit vertriebene Botschaft – da erscheint mir die zweite Alternative plausibler.

Gerade der Vergleich mit anderen Weltreligionen stärkt den Anspruch des Christentums, die einzige wahre Religion zu sein. Ich bin den von Buddha entworfenen Erlösungs- bzw. Erlöschungspfad literarisch nachgewandert, ich habe den Koran mehrfach gelesen. Der Buddhismus, eine Philosophie der Resignation, deren Erfinder mir weniger erleuchtet gewesen zu sein scheint als von Lebensfrust verfinstert. Der Islam: eine Religion der Unterwerfung, basierend auf einer Schrift, die nur Antworten und keine Fragen kennt, die ohne Charaktere und eigene Geschichten auskommt.

Die Bibel besteht aus zwei Testamenten, aber dramaturgisch gesehen aus drei Akten: Schöpfung, Sündenfall, Erlösung. Der Handlungsverlauf erinnert an einen guten Thriller. Schon auf den ersten Seiten wird der Grundkonflikt skizziert: die Trennung des Menschen von Gott und Gottes Bemühen, den Kontakt wieder herzustellen. Zunächst sondert Gott ein Nomadenvolk aus, baut es zum Königreich Israel auf und begleitet es beim anschließenden Niedergang. Dann, kurz bevor das ohnehin schon dezimierte Volk von den Römern in alle Welt vertrieben wird, kommt der wichtigste Wendepunkt. Der Leser erfährt, dass Gott nicht nur im Nahen Osten wirkt, sondern die Erlösung der ganzen Welt im Sinn hat. Er erscheint nämlich selbst auf der Bildfläche, in Person seines Sohnes. Jesus Christus verkündet drei Jahre lang die Botschaft vom »Reich Gottes«, dann stirbt er stellvertretend für die Sünden der Welt. Klingt weltfremd? Genau das ist es. »Das Christentum ist Gottes Vorstellung von Sünde und Gerechtigkeit«, erklärte Kierkegaard. Der Kirchenvater Tertullian glaubte gerade daran, »weil es absurd ist«. Nicht unvernünftig, aber über-vernünftig, vielleicht auch anti-vernünftig. Einige Fragen, die uns brennend interessieren, lässt die Bibel unbeantwortet. Die nach dem Ursprung des Bösen etwa, allenfalls kryptisch erklärt als luziferische Engelrebellion.

Der Dichter W. H. Auden hielt den Gott der Bibel gerade deshalb für anbetungswürdig, »weil er keinen meiner Träume erfüllt, gerade weil er in jeder Hinsicht das Gegenteil davon ist, wie ich ihn nach meinen Vorstellungen konstruiert hätte«. Gott liebt, aber nicht sentimental oder stoisch, er beschreibt sich selbst als »verzehrendes Feuer« und als »eifernder Gott«. Wenn wir unsere eigenen Maßstäbe anlegen, ist seine Liebe eindeutig maßlos.

- Seine Liebe ist wählerisch und gilt vorzugsweise den Schwachen und Außenseitern; Jesu Stammbaum reicht zu Mördern und Prostituierten zurück, er selbst umgab sich mit Durchschnittstypen und Randfiguren.

- Seine Liebe ist fordernd und kann in Zorn umschlagen; er lässt die Erde wackeln, die Immunsysteme kollabieren, die Stadtmauern von brandschatzenden Heeren schleifen.
- Seine Liebe ist hingebungsvoll. Er ist »der gute Hirte«, der »sein Leben für die Schafe lässt«, der sich von seinen eigenen Geschöpfen zu Tode foltern lässt. Jesus, der Gesalbte (»Messias«), ist gleichzeitig der Gequälte oder, wie es in einem Lied von Paul Gerhardt heißt, das »Haupt voll Blut und Wunden / voll Schmerz und voller Hohn«. Wie sehr unterscheidet er sich darin von Buddha, dem genussgesättigten Prinzen, und von Mohammed, dem erfolgreichen Feldherrn. »Um Christus zu verstehen, muss man ihn im Spiegel der Leidenden und der Sterbenden betrachten«, schlägt der Theologe Klaus Berger vor. Jesus hat die Welt geschlagen, aber nicht mit deren Waffen, sondern mit seinen eigenen. Kein Putsch, keine Thronbesteigung, sondern Solidarität und Selbstaufopferung bis zum letzten Blutstropfen. »Gott und unsere Herzen, die weinen zusammen«, seufzen Brüderchen und Schwesterchen im bekannten Grimmschen Märchen. Eine tiefe theologische Erkenntnis.
- Seine Liebe ist siegreich. Von den vielen selbst ernannten Heilsbringern, die sich um das Jahr Null in Judäa und Galiläa tummelten, war Jesus der einzige, der ein leeres Grab hinterließ und der ankündigte, am Ende aller Tage wiederzukommen.

Gott liebt mich.

»Du bist ein Gott, der mich sieht«, betet im Buch »Genesis« die Sklavin Hagar. »Fürchte dich nicht, ich habe dich erlöst, ich habe dich bei deinem Namen gerufen, du bist mein«, zitiert der Prophet Jesaja den Allmächtigen. Gott ist ein Gott, der sich duzen lässt, der sich als Papa (»Abba«) anreden lässt. Er liebt nicht die Menschheit, sondern die Menschen, mich und dich und sie und ihn und alle, die sich hinter allen Namen in Telefonbüchern und standesamtlichen Registern befinden. Der Theologensohn und Bestsellerautor Bernhard Schlink stellt klar: »Mich interessiert Gott, der die Welt ordnet, in der Natur wohnt oder durch die Kunst spricht, nicht. Mich interessiert nur ein Gott, dem ich so persönlich begegnen kann wie Jakob oder Thomas.« Seit meiner Kindheit rede ich fast täglich mit Gott. Ich vertraue darauf, dass er mich hört, ich bin ziemlich überzeugt davon, dass er regelmäßig antwortet, ich bin zuversichtlich, dass Gottes Geschichte von Schöpfung, Fall und Erlösung auch meine Geschichte ist.

Glauben strengt an. Mich irritiert die kognitive Dissonanz, in der ich mich als Christ fortwährend befinde: zwischen dem, was ich im Alltag als vernünftig einschätze, und dem, was ich im Glauben als wahr annehmen soll. Dabei habe ich bis auf eine lästige Hautkrankheit bisher wenig Grund zum Klagen gehabt. Wie viele andere habe auch ich Freunde und Verwandte, die sich durch Chemo-

Therapien quälen, die von Depressionen geplagt werden, die im Rollstuhl sitzen, die verzweifelt Jobs suchen oder nur ein bisschen Bestätigung und Zuneigung. Warum leidet Gott oft nur mit und packt nicht an? Sind die Schmerzen der Preis der Freiheit? Lässt Gott uns die heißen Herdplatten berühren, damit wir klüger werden, Arzneien erfinden und lernen, einander die Hände zu verbinden? Dann wäre das Böse am Ende eine positive Antriebskraft, nicht eine destruktive Höllenausgeburt. Doch genau das ist es, ein kosmisches Grundübel, das erst am Jüngsten Tag beseitigt wird. Bis dahin dürfen wir weiter mit Hiob nach dem »Warum?« fragen und auf Gottes Antwort schauen, das Kreuz.

Das Leid ist der Stachel des Glaubens. Das andere Problem ist der Nebel, die Ungewissheit. Die kannte auch der Apostel Paulus: »Groß ist, wie jedermann bekennen muss, das Geheimnis des Glaubens«, belehrte er seinen Schüler Timotheus. An anderer Stelle schrieb Paulus über die »Weisheit Gottes, die im Geheimnis verborgen ist«. Wenn wir Gott verstehen könnten, wären wir Gott. Wenn wir an Gott glauben müssten, weil er uns keinen intellektuellen Spielraum ließe, wären wir nicht frei. »Wenn wir zu einem Wissen vom Dasein Gottes gelangen würden, so würde alle Moralität wegfallen«, entschied Immanuel Kant. Wenn wir Gott in seiner Größe ermessen könnten, wäre die Beziehung so asymmetrisch, der qualitative Unterschied zu groß, dass wir uns ihm erst recht nicht nähern könnten. »Ungewissheit ist die Essenz der Romantik«, behauptete Oscar Wilde. Gerade weil wir Gott nicht wirklich kennen, können wir lernen, ihn zu lieben. Vielleicht ist es also besser so. Vorläufig, bis Gott den

42

Vorhang hebt, die Verbände abreißt und darunter alles heil ist.

Zwischen dem Glauben und dem Schwimmen gibt es noch eine weitere Parallele. Man verlernt beides nicht. Wem Gott einmal die Augen geöffnet hat, der behält sie in der Regel auf. Ich bin aber auch Menschen begegnet, die ihren Glauben verloren haben, die untergegangen sind, die zu lange mit Haien geschwommen sind, mit philosophischen und theologischen Durcheinanderbringern.

Die wenigsten Probleme bereiten in der Regel beinharte Gottesleugner. Vor allem unter den Hochleistungsdenkern gibt es davon viele. Wer zu klug ist, scheut den intellektuellen Kniefall vor Gott. Laut einer Umfrage ist der Anteil von Atheisten und Agnostikern unter Naturwissenschaftlern nicht überproportional groß, nur unter den Spitzenforschern sind sie eindeutig in der Mehrheit. Hier gilt Max Webers Definition von Wissenschaft als einer »spezifisch gottfremden Macht«.

In Acht nehmen sollte man sich vor Theologen, die sich wie ein Geschworenengericht über die Bibel beugen, messerscharf zwischen paulinischen, deutero-paulinischen und krypto-paulinischen Briefen unterscheiden; die zwischen »glaubwürdigen« und »unglaubwürdigen« Wundern Trennlinien ziehen oder gleich alle ins Legendenreich verweisen; die zwar die Kreuzigung für halbwegs historisch glaubwürdig halten, sie aber nicht als Sühneopfer, sondern höchstens als Symbolhandlung verstehen. Ohnehin egal, was tatsächlich passiert ist, behaupten sie; wichtig nur, ob die Leser sich in den Geschichten wiederfinden. Für sie ist die Bibel nicht Gottes Wort, sie enthält sie nur. »Jede Heilige Schrift ist nur ein

Mausoleum der Religion«, relativierte vor 200 Jahren Friedrich Schleiermacher den biblischen Offenbarungsanspruch. Für Paul Tillich war der christliche Glaube nur »eine von vielen Möglichkeiten, sich mit den Grundfragen von Gott und Dasein auseinanderzusetzen«. Mein Ratschlag für den Umgang mit solchen theologischen Diven: ignorieren geht über studieren.

Auf meinem Schulweg bin ich jahrelang an einer theologischen Fortbildungsstätte vorbeigefahren. Ein »liberaler Geist« würde dort herrschen, klärte mein Vater mich damals auf. Wie liberal, habe ich nun erfahren, weil einer der Ex-Dozenten die Summe seiner Weisheiten als Buch veröffentlichte. Darin forderte er »notwendige Abschiede« von angeblichen Mythen, von Jungfrauengeburt, Auferstehung, Himmelfahrt, stattdessen stellte er eine Liturgie für die Beerdigung von Hauskatzen vor. Mir tun die Absolventen solcher Fortbildungsstätten leid. Ich habe noch keinen von ihnen getroffen, aber vermutlich fangen ihre Predigten an mit Phrasen wie: »Auch wenn uns dieser Text zunächst sehr fremd erscheint.« Die Distanz zwischen Gott und Mensch wird ins Unendliche verlängert, der Glaube aufs Realistische runtergemäht. Dass die liberalen Bibelexegeten die falsche Theologie haben, kann ich nicht beweisen; klar ist, dass sie die falsche Anthropologie haben, sonst wären ihre Kirchenreihen nicht so leer und der Gesang nicht so traurig. Nicht nur Gott, das kann man nach 300 Jahren historisch-kritischer Textmetzelei sagen, streikt, sondern auch die Menschen.

Natürlich gibt es auch fromme Esoteriker, die das Evangelium nicht kastrieren, sondern frisieren, auf Gottes Erlösungsversprechen noch Voodooformeln draufsetzen, das Unberechenbare berechenbar machen wollen. Oder die in der Bibel Geheimbotschaften entdecken wollen, die den Kirchenvätern durchgegangen sind. »Wenn jemand euch ein Evangelium predigt, anders als ihr es empfangen habt, der sei verflucht«, schärfte Paulus den frühen Christen ein. Luther bekannte seinen Freunden: »Ich habe Gott gebeten, dass er mir keine irrigen und ungewissen Träume schickt und mir keine Engel zeigt und keine Zeichen«, er brauche sie schließlich nicht, »weil ich das Wort habe«. Es gibt keine Special Bible-Editions, kein Bonus-Material, keinen neuen Director's Cut. Wenn, wie es der Katechismus vorschreibt, das Evangelium mein »einziger Trost im Leben und im Sterben« ist, dann will ich diese Hoffnung nicht durch überzogenen Wissensdurst verspielen. Ich stelle lieber meine Zweifel in Frage als den einzigen Glaubensgrund, den ich habe, die von Gott inspirierte Bibel. Ich akzeptiere, dass es jetzt keine Sicherheit gibt, aber ich behaupte, dass es irgendwann Sicherheit gibt, dass die Gleichung, die jetzt viel mehr Variablen hat als Konstanten, irgendwann aufgeht. Dass, wie Dostojewski es für sich formuliert hat, »mein Hosianna aus einer Feuerprobe des Zweifels« hervorgeht. Gott lässt sich, wenn auch nur unvollständig, beschreiben, aber er lässt sich nicht erklären. Das hat auch der Systhemtheoretiker Niklas Luhmann bei dem Versuch begriffen, die »Funktion der Religion« zu erklären. Sein gleichnamiges Buch widmete er seiner Frau, »der Religion mehr bedeutete, als Theorie zu sagen vermag«.

2.2. Selbstbewusstsein: Schön kaputt

Ich habe keinen Selbstwert. Das heißt: ich habe keinen Wert aus mir selbst, sondern nur aus meiner Beziehung zu Gott. »Wenn ich die Menschen um mich herum ansehe und auch mich selbst, dann bekomme ich Ehrfurcht vor dem Menschen, weil Gott seinetwegen herabgestiegen ist«, notierte Sophie Scholl ein paar Monate, bevor sie geköpft wurde. »Der Mensch, aus sich nichts, ist dennoch etwas, weil Gott ihn liebt«, schrieb Bernhard von Clairvaux.

Ich kann meine Weisheit über meine an sich wert-lose Existenz in vier Sätzen zusammenfassen:

Das Leben ist schön.

Das Leben ist schwer.

Am Ende bin ich tot.

Ich brauche Gott.

Ich denke, es ist motivationstechnisch sinnvoll, dass ich erst ein paar Worte über unser Potenzial verliere und dann über unsere Probleme. Die zwei Alternativen kann ich jetzt schon andeuten: Entweder ist die Spannung zwischen dem, was wir sind, und dem, was wir gerne wären, unauflöslich. Oder es gibt eine Auflösung, richtiger: Erlösung.

Unsere Größe

Vielleicht würden mich meine Begrenzungen nicht so sehr stören, wenn ich nicht so viel von mir halten würde. Vor der notwendigen Elendsdiagnose deshalb ein Lob auf unsere Spezies, eine Aufzählung unserer positiven Alleinstellungsmerkmale.

- Der Mensch, das selbst-bewusste Wesen, das »Ich«-Wunder. »Ich habe auf dieser Welt kein so auffallendes Ungeheuer noch Wunder gesehen als mich selbst«, schrieb der Essayist Michel de Montaigne. Für Ralph Waldo Emerson waren »alle glücklichen Erfindungen in der Kunst oder in den Werken der Natur nur Schatten und Vorläufer jener Schönheit, die ihre Vollendung in der menschlichen Gestalt erreichen«.
- Der Mensch, das analysierende und antizipierende Wesen. Franz Kafka wunderte sich über »die ungeheure Welt, die ich im Kopf habe«. Wir können zurückblicken, wir können vorausschauen. Wir leben im Morgen, vor allem wenn wir jung sind, und im Gestern, vor allem wenn wir alt sind. Wir sind die werdenden Wesen, gerade weil wir von allen Lebewesen am wenigsten mit uns selbst und der Natur »eins« sind.
- Der Mensch, das gestaltende Wesen. Bei manchen meiner Freunde steht die Erkenntnis des Philosophen Heraklit hoch im Kurs: »Alles fließt.« Konfuzius schlug in die gleiche Kerbe: »So fließet alles dahin, wie dieser Fluss, ohne Aufhalten Tag und Nacht.« Mag sein, aber wir haben die Fähigkeit, Ströme umzulenken. Wir können immer auch anders. »Was ist der Mensch?«, fragte Viktor Frankl: »Er ist das Wesen, das immer entscheidet, was es ist.«

- Der Mensch, das fühlende Wesen. Wenn ich mit der S-Bahn fahre, schaue ich mir gerne Gesichter an. Alle einzigartig, alle auf ihre Art aufregend, jedes ein »Gesicht mit dem Zeichen der Gotteskindschaft«, wie Robert Musil es formulierte. Und ich freue mich, solche Empfindungen haben zu dürfen. »Wie schön ist es doch, ein zitterndes empfindliches wählerisches Herz zu haben. Das ist das Schönste am Menschen«, lässt Robert Walser seine Romanfigur Fritz Kocher in sein Tagebuch schreiben.
- Der Mensch, das moralische Wesen. Wir können zwischen Gut und Böse unterscheiden, und wir haben eine intuitive Präferenz für das Gute. Über 20 Millionen Menschen in Deutschland engagieren sich in Deutschland freiwillig für einen guten Zweck, fast jeder zweite Deutsche betrachtet es als persönliches Anliegen, sich für Bedürftige stark zu machen. Goethe hätte daran seine Freude gehabt: »Edel sei der Mensch, hülfreich und gut, denn das allein unterscheidet ihn von allen Wesen, die wir kennen.« Der Mensch – programmiert darauf zu lieben, nicht nur, sich zu vermehren.
- Der Mensch, das sehnende Wesen, nicht nur wissend, also »homo sapiens«, sondern auch suchend, »homo quaerens«. Rainer Maria Rilke bezeichnete unsere Sehnsüchte in einem Gedicht als »schwache Fontänen, die sich zeitig und zitternd neigen«, und als »tanzende Tränen«. »Wir sind vom Stoff, aus dem die Träume sind«, heißt es in Shakespeares »Sturm«. Und interessanterweise träumen wir dann am intensivsten, wenn wir am sattesten sind. Kierkegaard, selbst reicher Erbe, wusste: »Es ist nicht der Mangel, der die wahre

ideale Sehnsucht im Menschen weckt, sondern der Über-
fluss.«

Der Mensch, immer sehnend, immer fragend, immer
wollend – offenbar fehlt ihm etwas.

Wir sind genial konstruiert, aber irgendwie fehlge-
schaltet, dazu auf Zeit programmiert: schwächlich, sterb-
lich, sündig.

Unsere Schwäche

Der Mensch, das defizitäre Wesen. Es ist tröstlich, dass
selbst Genies mitunter an sich selbst verzweifeln. Von
Mozart ist der Tagebucheintrag überliefert: »Alles ist einfältig und dumm, meine Gedanken sind unnütz.« Der Psychologe Alfred Adler behauptete: »Mensch sein heißt:
sich minderwertig fühlen.« Für seinen Kollegen Abraham
Maslow bestanden die meisten Neurosen »aus unerfülltem Verlangen nach Sicherheit, Zugehörigkeit und Identifikation«. Erich Fromm hielt es für das tiefste Bedürfnis des Menschen, »seine Abgetrenntheit zu überwinden
und aus dem Gefängnis seiner Einsamkeit herauszukom-
men«.

Hinter unseren großen Klappen bibbern unsere Herzen. Wir stehen nie ganz fest und wir kommen nie wirklich an. »Alles in mir ist Flucht«, lässt Max Frisch seinen
»Stiller« sagen. Kafka jammerte über die »schreckliche
Unsicherheit« seiner »inneren Existenz«. »Ich weiß
nicht, was soll es bedeuten, dass ich so traurig bin?« beginnt Heines »Loreley«. Nietzsche, der gerade mit Gott
abgeschlossen hatte, raunte seinen Lesern zu: »Haucht

uns nicht der leere Raum an? Ist es nicht kälter geworden? Kommt nicht immerfort die Nacht und mehr Nacht?« Wir wissen: Es stimmt was nicht mit uns. Wenn wir doch mehr über uns Bescheid wüssten! »Der Mensch kennt seine Formel nicht.« (Dostojewski) »Wir sind lauter Hülsen, nur Oberflächen, und wir haben sehr schwache Vorstellungen davon, was darin ist.« (C. G. Jung) »Es ist das Herz ein trotzig und verzagt Ding, wer kann es ergründen?« (Gott, zitiert im Buch Jeremia). »Begreifen die Menschen jemals das Leben, während sie's leben?« lässt Thornton Wilder in »Unsere kleine Stadt« seine Hauptfigur Emily fragen. Zur Antwort bekommt sie: »Nein. Die Heiligen und die Dichter vielleicht.« In »Der Leopard« sagt der todkranke Don Fabrizio zu einem Geistlichen: »Wir sind nicht blind, lieber Pater. Wir sind nur Menschen. Wir leben in einer beweglichen Wirklichkeit, der wir uns anzugleichen suchen.«

Der Mensch sucht nach einem Platz, und er sucht nach einem Halt. »Es scheint, dass die Menschen ihre Klauen in irgendetwas einschlagen müssen«, heißt es in einer Kurzgeschichte von D. H. Lawrence. »Um frei zu sein und ein Leben in Fülle und Schönheit zu führen, muss man sein Herz an etwas hängen. Ein ausgefülltes und schönes Leben bedingt, dass man sich fest an etwas bindet, was jedenfalls für Idealisten gilt, sonst greift ein gewisser Überdruss um sich, und es entsteht ein bestimmtes Schwanken und Tasten der losen Enden in der leeren Luft, wie bei der Weinrebe, deren sehnsüchtige Ranken hierhin und dorthin ausgreifen, um sich an einen Halt zu klammern und so der nötigen Sonnenwärme entgegenzuwachsen. Wenn sie nichts finden, so kann sich die Rebe nur trübselig auf dem Erdboden hinwinden. Das ist Freiheit: das Umklammern des richtigen Haltes.« Jesus bedauerte die Menschen dafür, dass sie herumlaufen »wie Schafe, die keinen Hirten haben«. Was würde er wohl heute sagen zu denen, die irrlichternd durchs Leben torkeln, sich zuballern, sich ritzen, sich in Hasscliquen zusammenrotten. Die zu lange gewartet haben auf freundliche Worte von jemandem. Vincent van Gogh, den seine Seelenqualen in den Selbstmord trieben, schrieb ein paar Jahre davor an seinen Bruder Theo: »Mancher trägt ein großes Feuer in seiner Seele, und nie kommt jemand, um sich daran zu wärmen; die Vorübergehenden bemerken nichts weiter davon als ein kleines bisschen Rauch, der oben aus dem Schornstein quillt, und dann gehen sie ihres Weges.«

Wir sind schon deshalb immer unfertig, weil wir immer abhängig sind. Von anderen. »Leben ist Einsamkeit, kein Mensch kennt den anderen, jeder ist allein«, ächzt Hermann Hesse in einem Gedicht. – »Wenn wir doch Liebe geben könnten!«, seufzt eine Altjungfer in Ingmar Bergmans Film »Licht im Winter«. Eigentlich will sie, genau wie der Regisseur, sagen: Wenn wir doch Liebe bekommen könnten! Das denken sich vermutlich auch die Männer, die mit Tunnelblick aus dem Erwachsenenbereich von Videotheken schnurstracks zur Kasse gehen. Oder die Prominenten, die nach dem Methadon des Liebesjunkies süchtig geworden sind, der Aufmerksamkeit. »Wie vielen saugt die Beredsamkeit und das Präsentieren ihrer Begabung, das sie täglich üben, alle Lebenskraft aus!«, beschrieb Seneca ein Milieu, das im neuen Berlin genauso verbreitet ist wie im alten Rom: »Hat einer das ersehnte

51

Amt erlangt, so wünscht er es niederzulegen und sagt immer wieder: ›Wann wird dieses Jahr vorbei sein?‹«

Unser Tod

Wir sind kaputtbar. Unser Leben ist eine Baustelle, aber auch eine Abrissbude. Wir gehen durch einen langen Korridor mit vielen Türen, die sich hinter uns wieder schließen, immer weiter, bis sich unter uns eine Falltür öffnet. Pascal zog eine Parallele zwischen unserer Situation und der von Hinrichtungskandidaten. Zusammen sitzen wir in der Todeszelle, alle paar Minuten kommt der Henker herein, greift sich einen von uns und erwürgt ihn. »Jeder Mensch ist nur ein Werkzeug, das nicht weiß, wann der Augenblick kommt, da es zur Seite gelegt wird«, schrieb Kierkegaard. Ich selbst vergleiche meinen Körper mit einem Auto, meine Seele mit dem Fahrer. Er lernt immer besser fahren, kennt allmählich die schönsten Routen, die besten Abkürzungen, doch dann blättert der Lack ab, bekommt die Karre Dellen, fährt nur noch im zweiten Gang, muss immer öfter in die Werkstatt, bis sie auf dem Schrottplatz landet. »Wie schön das blühende Leben / Da kommt und da geht / Ein bezauberndes Wesen / Neigt sich flüchtig zu dir / Muss zurück zum Tresen«, dichtete Robert Gernhardt kurz vor seinem Tod.

Im Leben ist nicht der Anstieg auf den Gipfel der Lebenskraft das Schwierige, sondern der Abstieg. Weil er immer tödlich endet. »Das Alter ist nichts für Feiglinge«, wusste Mae West. Da helfen auch Schönheitschirurgen nicht, kein Anti-Aging, kein Botox, keine Lebensverlängerung auf 130 Lebensjahre. Selbst wenn es irgendwann möglich sein sollte, den Alterungsprozess des Gehirns zu verlangsamen, absterbende Zellen zu ersetzen: Wir können einen kleinen Aufschub herausschinden, keine Aufhebung des Todesurteils. »Ein Mensch in seiner Herrlichkeit kann nicht bleiben, sondern muss davon wie das Vieh«, sagt der Psalmist. Ändern können wir daran nichts, höchstens nicht daran denken. Und darin sind wir gut. Ich habe einige Nachrichtenbeiträge über Sterbehospize und Patientenverfügungen produziert, als Kind habe ich meinen Vater wöchentlich zu Trauerbesuchen und Beerdigungen verschwinden sehen. Irgendetwas in mir wehrt sich aber gegen den Gedanken, dass ich irgendwann an Kanülen angeschlossen daliege, der Pulsschlag auf Null geht, die Kamera von der Naheinstellung in die Totale geht und der Abspann läuft.

Die Bibel ermutigt uns ausdrücklich, dem Tod ins Auge zu blicken. »Es ist besser, in ein Haus zu gehen, wo man trauert, als in ein Haus, wo man feiert; denn da zeigt sich das Ende aller Menschen«, heißt es im Buch des Predigers. Dort gibt es aber auch eine Erklärung dafür, warum die Menschen hartnäckig hoffen, dass es irgendwie weitergeht: »Gott hat die Ewigkeit in ihr Herz gelegt.«

Unsere Schuld

Unsere prekäre Lage könnte uns zum Selbstmitleid verführen. Wenn die Bibel unserem Selbstwertgefühl nicht vorher den Gnadenschuss verpassen würde mit der Unterstellung, dass wir sündig sind. Nicht sündig im Sinne schönfärberischer Zeugnisfloskeln à la »Er war stets redlich bemüht.« Sondern sündig im Sinne von »böse«. Unter bestimmten Bedingungen, das bewies in den Siebzigerjahren das sogenannte »Milgram-Experiment«, degenerieren Normalmenschen zu Folterknechten: Sie drücken auf den Stromschalter, egal, wie laut das Opfer schreit. Vor allem in Kriegen öffnen sich dämonische Abgründe: Da wird gemordet, gepfählt, gehäutet. »Neugeborene Geschöpfchen rissen sie mit beiden Füßen von den Brüsten ihrer Mütter und schleuderten sie mit den Köpfen wider die Felsen«, berichtete der Priester Bartholomé de Las Casas über die spanischen Konquistadoren in Lateinamerika. Meistens hat das Böse nicht derart infernalische Dimensionen, sondern kommt kleinformatig daher. Als eine Art moralische Impotenz, als Zornausbruch oder Bequemlichkeitslüge. »Ich habe den moralischen Standpunkt aufgegeben«, schrieb Camus, wenige Jahre nachdem er den Nobelpreis erhalten hatte. »Was soll man von jemandem sagen, der sich zur Moral bekennt, ohne entsprechend leben zu können?«

Wie verdorben wir Menschen sind, zeigt die Passionsgeschichte: Gott nähert sich unseren Vorfahren auf Augenhöhe, und sie schlagen ihn ans Kreuz. Wir, da bin ich überzeugt, würden es wieder tun. »Die Lehre von der Erbsünde ist das einzig verifizierbare Dogma der Kirche«, befand der Theologe Reinhold Niebuhr. In einem Sonett von John Donne heißt es: »Ich bin eine kleine Welt, geschickt zusammengesetzt aus Elementen und einem engelhaften Geist. Aber die schwarze Sünde hat beide Bestandteile meiner Welt an die endlose Nacht verraten.« Ich selbst bin verblüfft, wie sehr mich das Böse fasziniert. Woher kommt es, dass mich morbide Filme reizen, dass ich »Sympathy for the Devil« aufregender finde als »All You Need is Love«? Warum entfaltet manche Sünde bei mir ein Suchtpotenzial, auch wenn ich ihre destruktive Wirkung genau kenne? »Wenn du einen Menschen siehst, der seine Hände kratzt und sie bis aufs Blut zerkratzt«, schreibt Bernhard von Clairvaux, »so hast du an ihm ein treffendes Bild für die Seele, die sich der Sünde verschreibt.«

Auch wenn wir die GEZ nicht beschummeln und Batterien nicht in die blaue Tonne schmeißen, geht es uns wie dem namenlosen Helden in der Böll-Kurzgeschichte »Kerzen für Maria«: »Ich fühlte mich hart, nutzlos, schmutzig, reuelos, nicht einmal eine Sünde hatte ich vorzuweisen, das einzige, was ich besaß, war mein heftig schlagendes Herz und das Bewusstsein, schmutzig zu sein.« Wir versuchen uns zu waschen, aber wir kratzen uns nur. »Ich elender Mensch! Wer wird mich erlösen?«, beschreibt Paulus die Qualen einer unerlösten Seele.

Unsere Erlösung

Es gibt keine Versöhnung mit sich selbst, mit anderen oder mit dem Schicksal ohne Versöhnung mit Gott. Das ist die erste große Zumutung. »Wir vertrauen nicht auf unsere Gerechtigkeit, sondern auf deine große Barmherzigkeit«, steht im Buch Daniel. Die zweite Zumutung: Es gibt diese Versöhnung nur zu Gottes Bedingungen. Die sind nicht schwer, aber auch nicht verhandelbar. Es gibt keinen Bußkatalog, der abgearbeitet werden muss. Es gibt nur die Auflage, dass wir vor dem Gekreuzigten auf die Knie gehen, zumindest innerlich, und »bitte« sagen. Zu schwer, zu peinlich für viele stolze Gemüter. »Nicht viele Weise, nicht viele Mächtige, nicht viele Angesehene sind berufen«, musste Paulus, der die urchristliche Szene gut kannte, einräumen. In der Bibel gilt es geradezu als Glaubensprivileg, ein »zerschlagenes Gemüt« und ein »gebrochenes Herz« zu haben. »Geliebt wirst du einzig, wo du schwach dich zeigen darfst, ohne Stärke zu provozieren«, schrieb Adorno. Bei Gott darf man sich nicht nur schwach zeigen, man muss.

Die Befreiung des Menschen von seiner Schwäche, seiner Endlichkeit, seiner Sünde geschieht in drei Schritten:

- Bekennen
- Empfangen
- Danken.

Auf frommdeutsch heißt dieser Transformationsprozess »Bekehrung«. Von nun an steht unsere Zeit in Gottes Händen, und wir können mit dem Psalmisten sagen: »Darum fürchten wir uns nicht, wenn auch die Welt untergeht und die Berge mitten ins Meer sinken.« Wir landen am Ende des Lebens zwar auch auf dem Schrottplatz, aber wir werden nicht mitsamt der rostigen Karosse eingestampft, sondern wir bekommen einen besseren Wagen. Auf uns wartet nicht der Henker, sondern der Vater. Wir sind zwar verletzlich, aber nicht vergänglich. Die Uhr tickt, aber nicht gegen uns. Es gibt ein Leben nach dem totalen Crash – durch Jesus Christus.

2.3 Weltkritik: Es ist nicht, wie es ist

»Die wahren Entdeckungen«, so Marcel Proust, »bestehen nicht darin, Neuland zu finden, sondern die Dinge mit neuen Augen zu sehen.« Glaube macht kreativ, denn er filtert das Reale durch das Ideale. Christen unterscheiden sich von anderen daher nicht dadurch, dass sie erlöster aussehen; sondern dadurch, dass sie die Welt erlöster ansehen. Wer als Christ durchs Internet surft oder eine Einkaufsstraße entlanggeht, hat deshalb am besten drei Hintergrundinformationen im Hinterkopf:

- Es ist nicht, wie es ist.
- Die Mehrheit hat oft Unrecht.
- Der Böse ist unter uns.

Wir sollen durchs Leben gehen wie Neo in dem Science-Fiction-Kultfilm »Die Matrix« und wie die meisten Helden großer Mythen, als große Hinterfrager, unbeeindruckt vom zeitgenössischen Hype und Spin. »Die Menschen sind so einfältig und so gewöhnt, den herrschenden Verhältnissen nachzugeben«, wusste Macchiavelli. Deshalb funktionieren Diktaturen, insbesondere die, die den schönen Schein wahren. Das wird mir immer wieder bewusst, wenn ich auf dem Kurfürstendamm am »Marmorhaus« vorbeifahre. Seit ein paar Jahren als Kino geschlossen, liefen dort in den Dreißigerjahren, bis in den Krieg hinein, Hollywood-Filme. Die Berliner standen Schlange für die »Broadway Melody«. Gary Cooper schaute einmal persönlich vorbei, kurz nach den Novemberpo-

gromen. Da war die Höllenfahrt des »Dritten Reichs«
schon in vollem Gange, nur bemerkten es die Wenigsten.
Der schöne Schein kann trügen.

In Ray Bradburys Roman »Fahrenheit 451« steht die
Einschätzung: »Bücher beunruhigen die Menschen, sie
machen sie asozial.« Die Bibel macht in gewisser Hinsicht »asozial«, weil sie Mut macht zum Misstrauen.
»Stellt euch nicht dieser Welt gleich, sondern ändert
euch durch Erneuerung eures Sinnes, damit ihr prüfen
könnt, was Gottes Wille ist, nämlich das Gute und Wohl-
gefällige und Vollkommene«, schrieb Paulus im Brief an
die Römer; den Ephesern gab er den subversiven Auftrag:
»Habt nicht Gemeinschaft mit den unfruchtbaren Werken
der Finsternis, deckt sie vielmehr auf.« Drei Jahre, bevor
Franz Werfel vor den Nazis ins Ausland floh, schrieb er:
»Größe gibt es nur gegen die Welt und niemals mit der
Welt: Die ewig Besiegten sind die ewigen Sieger.«

Das ist kein Aufruf zur Weltflucht und zur Futuropho-
bie. Es ist nicht alles schlecht, bei Weitem nicht. Deutschland wird größtenteils grüner und hübscher, die Regale
bei Penny und Aldi sind randvoll mit Artikeln, die es
früher nicht einmal am Hof von Versailles gab. Allemal
Grund zur Freude. Wenn da nicht die fetischistische Neigung der Menschen wäre, Nebensachen zur Hauptsache
zu machen. Auf der »Internationalen Funkausstellung«
wurde, in einem abgetrennten Raum, der »größte Fern-
seher der Welt« ausgestellt. Innerhalb einer Stunde
schlängelten sich mehr Menschen an dem Bildschirm
vorbei, als die meisten Berliner Kirchen im Jahr Besucher
haben. Die Welt ist schön, aber das Veranstaltungspro-
gramm ist überwiegend mittelmäßig bis mies, ohne Be-

zug zu Gott und zur Ewigkeit. Tolle Location, falsche Party.

Ich könnte mich auf dem Alexanderplatz auf eine Obstkiste stellen und »Das Ende naht!« brüllen. Mache ich aber nicht. Ich orientiere mich an Jesus, der eine Woche vor seiner Exekution auf die Stadt Jerusalem blickte und weinte. Er wusste, dass die Welt ein Vorhof zum Paradies sein kann, aber auch der Wartesaal zur Hölle. Zugegeben: Ich weine nicht über die Welt, aber ich versuche eine Einstellung zu entwickeln, die man mit »zärtlicher Distanz« beschreiben könnte. Ich will kein Kulturpessimist sein, der überall Verfallssymptome sieht und selbst wichtige technische Fortschritte für Blendwerk hält. Ich will ein Kulturrealist sein, der sich am fröhlichen Touristenauftrieb vor dem Brandenburger Tor freuen kann, der aber auch keine Angst hat vor der Angst vor dem Niedergang.

Ibsens »Volksfeind« kommt zu der Erkenntnis: »Am stärksten auf der Welt ist, wer alle Brücken hinter sich abgebrochen hat.« Unabhängigkeit macht stark. Wer von einer christlichen Reconquista der Bundesrepublik träumt, von einem Marsch durch die Universitäten und Rundfunkanstalten, sollte schleunigst aufwachen: Manchmal verändern die Institutionen, in denen wir mitwirken, eher uns als umgekehrt. In einer Kurzgeschichte von H. G. Wells gelangt ein Wanderer in ein Tal, in dem nur Blinde leben. Sie bieten dem Wanderer an, die Tochter des Königs zu heiraten und dann selbst König zu werden. Die einzige Bedingung: Er soll sich vorher die Augen entfernen lassen. »Dann«, so denken sich die Blinden, »wird er vollkommen vernünftig sein und ein ganz vortrefflicher Bürger.« Ich bin einigen Christen begegnet, die auf der Karriereleiter ihre spirituelle Sehkraft eingebüßt haben. In Honoré de Balzacs »Verlorene Illusionen« rät ein korrupter Abbé seinem Schützling: »Sie wollen die Welt beherrschen, nicht wahr? Fangen Sie damit an, dass Sie ihr gehorchen und sie genau studieren.« Christen gehorchen der Welt nicht, aber sie studieren sie genau, sie kommentieren, sie bewerten sie. Der Zeitschrift »Psychologie heute« zufolge sind wertende Menschen übrigens »keineswegs engstirnig auf ihren Standpunkt festgelegt, sondern sogar überdurchschnittlich weltoffen, anderen Menschen und neuen Eindrücken zugeneigt«.

Genaues Hinsehen ist schon deshalb notwendig, weil der Teufel tatsächlich umgeht. Auch wenn kaum noch jemand an seine Existenz glaubt: Ich kenne keine bessere Erklärung für das Elend in der Welt, für Mengeles Zwillingsforschung und die bestialischen Experimente, die im Zweiten Weltkrieg in der japanischen »Unit 731« durchgeführt wurden. Wenn ich die Frauen sehe, die an der Kurfürstenstraße ihr eigenes Fleisch für ein paar Euro vermieten, dann rieche ich den fauligen Atem des Satans. Jesus und seine Jünger hielten ihn für real und warnten vor ihm. »Der Teufel trägt Prada« heißt ein aktueller Kinofilm. Manchmal stelle ich mir vor, dass er so aussieht wie ich, nur besser, smarter, cooler. Gleichzeitig habe ich Bilder von riesigen Kinomonstern im Kopf, »Aliens«, »Predator«, »Das Ding«, räudige Unwesen ohne personalen Kern, brüllend, zischend, geifernd, schnappend, eine aufs Quälen programmierte Höllenbrut. »Die große Schlange liegt immer halbwach, am Boden des tiefsten Abgrunds, bis sie hungrig erwacht«, dichtete T. S. Eliot, allerdings

60

nicht ganz zutreffend. Denn die Schlange ist immer wach und immer hungrig. Wer ihre Existenz leugnet, kollaboriert unabsichtlich mit ihr. »Der Teufel betritt das Haus, wenn es leer ist«, schrieb der UN-Generalsekretär Dag Hammarskjöld, »anderen Gästen muss man erst die Tür öffnen.« Der Teufel, so lehrt die Bibel, ist besiegt. Aber er ist nicht entwaffnet. Und er läuft frei herum.

Trotz Weltjugendtags-Euphorie und TV-Serien wie »Um Himmels Willen« – ich halte die heutige Zeit für besonders lebensfeindlich, beziehungsfeindlich, glaubensfeindlich. Wir haben gigantische Festplatten, aber vorwiegend Schrott zum Downloaden. Virtuelle Kontaktbörsen wie Parship und Friendscout verfügen über die raffiniertesten Matching-Mechanismen, aber noch nie haben so viele Liebessehnsüchtige schluchzend auf Klos gesessen und sich einsam in Betten herumgewälzt. Die Technik funktioniert präzise, die Seelen irrlichtern. »Der Mensch ist zu einer beschränkten Lage geboren«, schreibt Goethe im »Wilhelm Meister«, »sobald er aber ins Weite kommt, weiß er weder, was er will, noch was er soll.« Der Horizont ist zu weit geworden, die Kompasse funktionieren nicht mehr, die Menschen verlaufen sich. Mir kommt Stephen Dedalus in den Sinn, Protagonist in James Joyces »Porträt eines Künstlers als junger Mann«. In dem Roman entdeckt er sein schriftstellerisches Talent und verliert seinen Glauben, eine typische Intellektuellenbiografie des frühen 20. Jahrhunderts. Was wird aus ihm? Er taucht noch einmal in Joyces Epos »Ulysses« auf, nur noch als Nebenfigur, die sich in den Nichtigkeiten des Alltags verliert. Das ist, so scheint mir, die Geschichte vieler moderner Mitbürger: Die Abkehr vom Glauben, der

Verlust der Mitte des Lebens, hat ihr Leben nicht reicher, sondern banaler gemacht.

Wem es noch nicht aufgefallen ist: Wir werden seit Jahrzehnten von einer »großen Koalition« regiert; die einen haben ein zu positives Menschenbild, die anderen eine zu unkritische Haltung gegenüber dem Markt; arbeitsteilig deregulieren sie das Privatleben und die Wirtschaft. Der Mensch des 21. Jahrhunderts verschwendet seine besten Jahre in der Umkleidekabine, mal Skater, mal Punk, mal Yuppie, mal Spießer, schließlich Rentner auf Mallorca, während die nachfolgende Generation das Rebellieren ganz einstellt und gleich alle Optionen auf einmal ausprobiert. Eine Alternative gibt es nicht, wir müssen immer mehr konsumieren, sonst kippt der Wohlstand. Videospiele kaufen keine Videospiele, also müssen wir sie kaufen, bevor wir für Sony und Microsoft auch als Absatzmarkt uninteressant werden. Das »Big Easy« erweist sich als reichlich schwer. Zwar ist laut Umfragen die Anzahl derjenigen, die sich als »glücklich« bezeichnen, konstant, aber die Anzahl derjenigen, die sich für »sehr glücklich« halten, nimmt kontinuierlich ab.

Das alles diagnostiziere ich nicht kühl bis ans Herz. Ich beschwere mich leidenschaftlich darüber, dass ich täglich unterschwellig konditioniert werde auf ein Leben, das ich eigentlich nicht will. Im Auto, wenn das Radio läuft, im Kaufhaus, im Fußballstadion, immerfort wird mir dieselbe Drei-Worte-Botschaft souffliert:
Ich.
Alles.
Jetzt.

Wer sagt, dass alles schon mal dagewesen ist, lügt

oder kennt sich nicht aus. Es gab noch nie eine Zeit, die so hyperindividualistisch ausgerichtet war, so maßlos und so auf den Moment fixiert, in der sich die Spirale aus Subjektivismus – Relativismus – Materialismus unaufhaltsam weiter nach unten schraubt.

Sankt Ego

»Du sollst keine anderen Götter neben dir selbst haben«, ist das erste Gebot der Konsumgesellschaft, das zweite: »Du sollst deinen Feierabend heiligen.« Nicht Paläste oder Kirchen stehen im Mittelpunkt der Welt des 21. Jahrhunderts, sondern ich selbst. Wie die meisten meiner Mitbürger leide ich an Ego-Thrombose. Mein »Ich« ist geschwollen, meine Bindungen geschwächt. Die Zukunft, verkündeten Computergazetten, gehört dem Online-Ego. Am schnellsten wachsen die radikal personalisierten Web-Angebote wie Myspace und Youtube. »Noch nie durfte sich die Eitelkeit so in ihrem Element fühlen«, beobachtet der Soziologe Georg Franck, »noch nie standen dem Geltungsdrang so vielversprechende Karrieren offen.« Bereits vor einem Vierteljahrhundert sah sein Kollege Christopher Lasch »Das Zeitalter des Narzissmus« heraufdämmern. Doch der Ego-Trip, so Lasch, führt den Menschen gerade in die Unfreiheit: »Er bleibt von anderen abhängig, deren Bewunderung und Anerkennung er unentwegt braucht. Erfolg muss durch Publicity bestätigt werden.«

Wer zu viel Selbstbewusstsein zur Schau stellt, hat meistens zu wenig davon. Konsequenterweise sagt der

Psychologe Borwin Bandelow über Stars: »Man muss bereits eine ernsthaft gestörte Persönlichkeit sein, um überhaupt den Durchbruch zu schaffen.« Nicolas Chamfort hat Prominenz als den zweifelhaften Vorteil bezeichnet, »denen bekannt zu sein, die einen nicht kennen«. Dabei ist es den Geltungssüchtigen offenbar egal, ob sie als Originale oder als Coverversionen im Rampenlicht stehen. Pop-Sternchen wie Christina Aguilera inszenieren sich mal als Proleten-Schlampe, mal als Marilyn-Monroe-Reinkarnation und versichern dabei immer, »authentisch« zu sein.

»Tu, was du willst« war das einzige Gebot, das der Hexenmeister Aleister Crowley, Begründer des modernen Satanismus, gelten lassen wollte. In einer Internet-Rezension der berüchtigten »Satansbibel« von Anton la Vey beschwert sich ein Leser, er hätte nichts Neues erfahren; die meisten Bürger würden ja bereits nach den dort beschriebenen Prinzipien der radikalen Selbstvergötzung leben.

Dabei führt der ultimative Ego-Trip nicht in die Selbstbefreiung, sondern in die Abhängigkeit, schließlich in die Selbstauflösung. Die Schattenseite von Suche und Sucht nach dem »Ich« ist die Identitätskrise. In Bret Easton Ellis' Kultroman »American Psycho« sinniert der frauenmordende Held, es gebe nur eine »Idee« von ihm selbst, nur »einen abstrakten Entwurf, aber kein wahres Ich, nur eine Erscheinung, etwas Schemenhaftes«, er tötet, um überhaupt noch etwas zu spüren. Wer sich selbst verloren hat, muss in Rollen schlüpfen, in vorgefertigte Stilmuster. Davon profitieren ganze Industriezweige. »Du bist du, das ist der Clou«, habe ich als Kind oft in der Kirche gesungen. Mittlerweile ist die Botschaft zur Kaufhausdauerbeschallung degeneriert und löst keine Freude mehr aus, nur noch Fragen. Wer bin ich denn? Die Antwort kennen Nike, H&M, Versace, Gucci. Individualismus von der Stange.

Die Isolierung des »Ich« läuft zweigleisig: Auf der einen Seite wird mein Selbstbewusstsein aufgebläht, auf der anderen Seite aus sozialen und ideellen Beziehungen herausgefräst. An die Stelle der Familie oder des Freundeskreises tritt das Netzwerk. Wir sollen mobil und flexibel sein. Berlin ist die Hauptstadt der Singles. 50 Prozent der Menschen, mich eingeschlossen, wohnen alleine. Die anderen leben paarweise, zumindest zeitweise. Die »serielle Monogamie« setzt sich als vorherrschende Lebensform durch. Liebe, bis dass die Gefühle uns scheiden. Früher waren Ehen ohne Eros die Regel, heute Eros ohne Ehe. Darunter leiden nicht nur die Kinder, die in immer fragilere Partnerschaften hineingeboren werden, sondern auch die Partner selbst. In seiner »Psychologie des Seins« sieht Abraham Maslow die meisten Neurosen begründet in »unerfülltem Verlangen nach Sicherheit, Zugehörigkeit und Identifikation, nach engen Liebesbeziehungen«. Männer und Frauen können nicht ohneeinander, aber auch nicht mehr miteinander. Der Feminismus kann genauso gut als »Maskulismus« begriffen werden: Jetzt schulen halt alle auf Jäger und Sammler um. Die Männer werden nicht werteorientierter, die Frauen aber wettbewerbsorientierter. Damit wird die Welt vielleicht gerechter, aber nicht wärmer. Jeder Mensch in seiner Nische, jeder Mensch in seiner Nacht, simsend, chattend, zunehmend einsam. Das Ich-Zeitalter, auch das Zeitalter der Onanie.

Ziemlich erschütternd ist die Selbstbeschreibung eines 21-jährigen Berliners, Ric Graf, der seinem Buch den programmatischen Titel »iCool« gegeben hat: »Uns treibt eine tiefe Sehnsucht nach wahrer Liebe«, schreibt er, »Sex haben wir viel, bei der Liebe wird es kompliziert und sehr schwierig.« Er fragt sich: »Warum kann man Sex so einfach bekommen? Vielleicht weil es nicht so intim ist.« Gibt es etwas, was seine Generation besonders gut kann? »Ich muss eigentlich nicht lange nachdenken, um die Frage zu beantworten: Wir können feiern.« Was hält seine Generation zusammen? »Die Popkultur gibt unserem Leben einen Rhythmus.«

C. G. Jung erkannte: »Je unbezogener die Individuen sind, desto mehr gewinnt die staatliche Organisation an Festigkeit.« An die Stelle des Staates tritt die Konsumindustrie, die sich mit immer raffinierteren Methoden in alle Lebensbereiche einbringt. Der neueste Marketingschrei sind »Buzz Campaigns«, Gerüchte-Kampagnen, die auch unter den Fachterminus »Virus Marketing« fallen. Teenager werden dafür bezahlt, dass sie ihren eigenen Freundeskreis mit Werbebotschaften infizieren. Damit das finanzielle Kapital der Konzerne wachsen kann, wird das soziale Kapital der Konsumenten gnadenlos verschlissen.

Auch die Bindungen zwischen den Generationen werden lockerer. Jeder Rentenbericht, jede Jugendstudie säen neues Misstrauen. Die einen versaufen ihrer Oma ihr klein' Häuschen auf Ballermann-Schaumpartys, die anderen verprassen die Zukunft ihrer Enkel auf Seniorenkreuzfahrten. Natürlich gibt es auch heute Liebe zwischen den Geschlechtern und zwischen den Generationen. Aber immer etwas weniger und immer etwas weniger verbindlich. Am Ende des Films »Invasion der Barbaren« kommt ein todkranker Alt-68er mit seiner Ehefrau, seinen ehemaligen Mätressen und seinen Kindern zusammen. Man unterhält sich, man vergibt sich. Am Ende verpasst man dem alten Mann, damit er's nicht so schwer beim Sterben hat, den goldenen Heroinschuss. Das verstehen Filmemacher mittlerweile unter einem Happy End.

An der zunehmenden Bindungsschwäche leiden insbesondere die Schwächeren. Was, wenn der eigene Partner einen nicht mehr zu brauchen glaubt? Was, wenn man den eigenen Kindern zur Last fällt? Früher wurden potenzielle Opfer in solchen Situationen von den christlichen Geboten geschützt: »Du sollst nicht ehebrechen.« – »Du sollst Vater und Mutter ehren.« Nur: Wer hält sich noch an Gebote, wenn die mit den eigenen Lebenswünschen in Konflikt geraten? Wenn die einzig akzeptierte Wahrheit ist, dass es keine Wahrheit gibt. Das Prinzip Unschärfe regiert. Es gibt die großen Erzählungen und Erklärungen nicht mehr. Das Ganze wird nicht mehr gedacht, vielleicht auch, weil es kaum noch gedacht werden kann. Die heutige Wissensvermittlung ist eher breit als tief angelegt, eher kurz- als langfristig, eher episodenhaft als episch, schließlich kann alles morgen schon überholt sein, voreilige Festlegungen schaden. Weise Lehrer gibt es immer weniger, dafür immer mehr zynische Schwätzer, die die Talkshows bevölkern. In der Antike nannte man solche Verbalschaumschläger »Sophisten«: Rhetoriker mit Söldnermentalität, die sich damit brüsteten, jede Frage von jeder Seite aus diskutieren zu können.

Da nichts mehr heilig ist, ist alles frei kombinierbar. Wir leben nicht nur im Zeitalter der *technischen* Konvergenz, in dem Internet, Fernsehen, Telefon und bald auch Haushaltsgeräte miteinander verschmelzen, sondern auch der *geistigen, sozialen, biologischen* Konvergenz: Marxismus und Kapitalismus, Homo und Hetero, Christentum und New Age, alles kann gesampelt und gemixt werden. Entgegen der Aussage des Hits der Gruppe Faithless »God Is A DJ« gilt: The Devil is a DJ. Gott schafft Diversität, der Teufel sitzt am Mischpult.

An die Stelle von Autoritäten treten Netzwerk-Communities. Einerseits freue ich mich über basisdemokratische Enzyklopädien wie Wikipedia, gleichzeitig halte ich sie für nicht ungefährlich. Informationen lassen sich vielleicht noch per Mehrheitsentscheidung ermitteln, aber nicht Weisheiten, schon gar nicht Wahrheiten.

Wir Deutschen brüsten uns damit, das »Land der Ideen« zu sein. Früher galten wir als das Land der Ideale. Weil ein paar fürchterlich falsche darunter waren, sind wir nackensteif geworden. Zurückblicken können wir nicht, ohne auch Leichenberge zu sehen, nach oben blicken können wir nicht, weil wir an keinen Himmel mehr glauben. Nietzsche, der das Übersinnliche durch das Sinnliche ersetzen wollte, Jesus durch Dionysos, ist an die Basis heruntergetröpfelt. Forderte Faust noch »vom Himmel die schönsten Sterne und von der Erde jede höchste Lust«, fordern wir nur noch die Lust, egal ob hoch oder niedrig. »Wie die Welt noch im Finstern war, war der Himmel so hell«, bemerkte der Dramatiker Johann Nestroy, »und seit die Welt so im Klaren ist, hat sich der Himmel verfinstert.«

Abgeschnitten von Tradition und echter Transzendenz, sind wir auf uns selbst und unsere Wünsche geworfen. »Was langweilt dich?«, fragte die Zeitschrift »Neon« ein paar Dutzend junge Menschen. »Hemmungen«, antwortete eine Frau, »weil sie mich davon abhalten, mein Leben zu leben.« Der Frau kann geholfen werden, denn der nächste Enthemmungsschub kommt bestimmt. Moral gilt, zumindest in der Kulturszene, als uncool. Ich habe in einem Feuilletonartikel die Gleichung gelesen: Sehnsucht + Moral = Kitsch. Ich stelle eine andere Gleichung dagegen: Sehnsucht − Moral = Sünde. Früher galten Völlerei, Trägheit, Habsucht, Unkeuschheit, Hoffart als Todsünden, heute gilt als Lebenskünstler, wer schlemmt, herumhängt, rafft und hurt.

»Stolz, Luxus und Betrügerei / Muss sein, damit ein Volk gedeih«, sagt der Volksmund. Deshalb höre ich oft die achselzuckende Erwiderung: Und? Solange es funktioniert ... Eben: Solange es funktioniert. Vielleicht kommen aber wieder Zeiten, in denen uns Wikipedia-Einträge nicht helfen, sondern moralische Gewissheiten. Der amerikanische Soziologe David Brooks kommt, nachdem er viele Studenten interviewt hat, zu dem Schluss: »Insgesamt können sich Studenten zu jedem Thema eloquent äußern, außer zur Moral.« Brooks zieht das Fazit: »Die größte Versuchung für diese Studenten ist nicht das Böse, sondern Kurzsichtigkeit.«

Ich habe den Menschen als das »moralische Wesen« bezeichnet. Deshalb gibt es natürlich auch heute moralische Standards, aber eben die unselige Entwicklung, dass jeder sie für sich selbst definiert: Verhandlungsmoral, Situationsmoral, Privatmoral. Ich erinnere in diesem

Zusammenhang an die Totalitarismusexpertin Hannah Arendt. In ihrer Analyse von Hitlerismus und Stalinismus kommt sie zu dem Schluss: »Nichts erwies sich leichter zerstörbar als die Privatmoral von Leuten, die einzig an die ununterbrochene Normalität ihres privaten Lebens dachten.«

Es gibt noch den Pranger: an den kommen Gammel-fleischexporteure und Parteispenden-Nichtdeklarierer. Die säkulare Form des Pietismus heißt Betroffenheits-kult. Der hat den Vorteil, dass er immer andere betrifft, nicht uns selbst.

Und es gibt die Inquisition. Da liegen wir selbst auf der Folterbank, strecken und quetschen uns, um eine Antwort auf die brennendste aller Fragen zu bekommen: »Bin? Ich? Glücklich?«

I Want It All

»Ich begehr's und will's!«, sagt Gessler zu Wilhelm Tell und nimmt damit das Mantra des modernen Menschen vorweg. Der wartet darauf, leergepumpt von Vorfestle-gungen und Verbindlichkeiten, wieder aufgefüllt zu wer-den. Womit, wusste bereits Aristoteles: »In der Mehrzahl entscheiden sich die Leute, das heißt die besonders grob-schlächtigen Naturen, für den Genuss.« Genussmöglich-keiten gibt es unendlich viele: DVDs kaufen, den Klei-derschrank aufrüsten, Reisen buchen. An kreativen Impulsen mangelt es gerade seitens der Unterhaltungs-industrie nicht. »Für uns lautet die Bedingung, dass wir das, was dem Volk am liebsten ist, hernehmen, es richtig aufzäumen und ihm dann zurückreichen müssen«, sagt der »letzte Tycoon« in F. Scott Fitzgeralds gleichnamigem Roman. Die Trendscouts und Coolhunter schwärmen aus in die Discos, die Schulhöfe, die Kunstgalerien, um das nächste große Ding ausfindig zu machen. Zumindest in der Mode wird aus Gegenkultur dann Leitkultur dann Unkultur, dann kommt die nächste Saison, der nächste letzte Schrei. Ins Visier der Marketingstrategen rücken immer mehr Minderjährige, Kids mit Kohle, aber ohne kritisches Verbraucherbewusstsein, die neuen Wilden, denen man für ihr Taschengeld Glasperlen aufschwatzt: Klingeltöne, Piercings, Retorten-Boygroups und anderen Tand.

Die Trends wechseln sich immer häufiger ab, zu schnell für den überforderten, aber immer unbefriedigteren Kunden. Das Ergebnis könnte man als Konsumbulimie bezeichnen: Man kann gar nicht so viel kotzen, wie man essen möchte. CDs, die man nach dem ersten Hören aussortiert, Bücher, die man nach den ersten Zeilen weglegt, Kinofilme, bei denen man schon nach dem Vorspann merkt, dass die Rezension witziger war. »Es muss mehr als alles geben«, »Nichts ist notwendiger als das Überflüssige«, preisen Lifestyle-Magazine Dinge an, »von denen Sie bisher nicht wussten, dass Sie sie brauchen können.« Auf der Moskauer Millionärsmesse werden mit Blattgold und Juwelen verzierte Handys präsentiert.

Weil den meisten Gesundheit wichtiger ist als Gott, nimmt die Körperpflege mittlerweile religiöse Dimensionen an: Lomi-Lomi nui, Ayurveda, heiße Steintherapie für Einsteiger; Bio-Engineering für Fortgeschrittene, die ihren Körper nicht nur verhätscheln, sondern umschnip-

71

peln lassen wollen. »Wir sind vermutlich die letzte Generation, die ihr biologisches Schicksal nicht selbst kontrolliert«, prophezeit die US-Zeitschrift »Esquire«. Auch die pharmazeutische Industrie setzt auf den Wachstumsmarkt Wellness: Psychopharmaka wie Adderall, ADHD und Ritalin werden verfeinert und wohl irgendwann als Egobooster und Antidepressiva im Massenvertrieb landen, Drogen für bessere Arbeitsleistung, für besseren Sex, vermutlich auch für intensivere Spiritualität.

Noch lukrativer sind die Marktanstrengungen, die sich auf die menschliche Fantasie richten. Der virtuelle Raum ist per Definition schrankenlos, hier kann expandiert und experimentiert werden, bis der Irrenarzt kommt. Nicht die Maxime »Lebe deinen Traum« gilt, sondern »Träume dein Leben«. Die Medien als Gefühlsapotheke: Die Frauen können sich in Telenovelas flüchten, die Männer in Computer-Kampfwelten. »In zwanzig Jahren«, prophezeit Will Wright, der berühmteste amerikanische Game-Designer, »werden Videospiele so emotional tiefschürfend und sinnstiftend sein wie unsere Träume.« Mit den virtuellen Verheißungen kann das wirkliche Leben nicht mehr konkurrieren, Alltagsfrust ist die Folge.

Im virtuellen Kaufhaus ist die Abteilung »Romantik« nicht besonders groß, irgendwo im Keller, auf dem Weg zur Kundentoilette. Vom Erdgeschoss bis zum 4. Stock sind alle Regale reserviert für den Bereich »Erotik«. Keiner verdient am Internet annähernd so viel wie die Pornoindustrie. Hier werden Menschen zu Nutzobjekten degradiert, zu Spielzeugen, hier gilt wirklich: Toys R' Us. Der Sexualaufklärer Alfred Kinsey brüstete sich damit, »die menschliche Sexualität aus dem dunklen Keller zu holen« – nun ist sie draußen, an der frischen Luft, sogar auf dem Schulhof. Jugendliche schauen sich auf Handys Pornovideos an und zu Hause auf MTV Videos, in denen halbnackte Tänzerinnen ihre Hüften schwingen. Untersuchungen aus den USA beweisen mittlerweile: Heranwachsende, die sich häufig solche Programme anschauen, haben erheblich früher Sex als andere. Im vorvorigen Jahrhundert schrieb der Russe Gogol pathetisch: »Niemals packt uns das Mitleid so heftig wie beim Anblick der Schönheit, die vom verderblichen Atem der Unzucht berührt ist.« Heute gibt es die Schönheit kaum noch in anständigen Posen. »Tourneen der Superstars immer versexter«, meldet die BILD. Wer kein Talent hat, aber dennoch ins Rampenlicht will, muss nur die Dessous zu Hause lassen und auf dem roten Teppich absichtsvoll stolpern.

»Die Menschen können nur beim Gutsein auf einem bestimmten Level verharren«, schrieb Chesterton, »aber sie sind absolut unfähig, beim Schlechtsein einen Level einzuhalten.« Ich lese, dass Gruppensex populärer wird, dass One-Night-Stands auf dem WC angesagt sind, ich lese von Rechtsanwältinnen, die sich im Baumarkt für ihre S/M-Sexspiele ausrüsten. Alles schon mal dagewesen? Tatsächlich?

»Leben wir in einer Welt, in der Sex und Horror die neuen Götter sind?«, sangen vor zwanzig Jahren »Frankie Goes to Hollywood«. Nicht nur im Erotik-, auch im Horrorgenre schwappt ungefähr alle zehn Jahre eine neue Schockwelle in die Cineplexe und Videotheken. Derzeit sind Kinofilme, in denen Teenager von Sadisten zu Tode gefoltert werden, gefragt: In »Hostel«, »Wolf

Creek« und der »SAW«-Trilogie werden Sehnen zertrennt, Augen mit Bunsenbrennern weggesengt, es wird gehackt und gesägt, gebrüllt und gekreischt. In Computerspielen, die im freien Handel erhältlich sind, kann man sich gegenseitig die Gurgeln durchschneiden, sich mit Schaufeln erschlagen, sich Nadeln in die Köpfe tackern, sich die Köpfe in brutzelndes Frittierfett tunken. Noch gibt es Snuff-Filme, in denen zur Zuschauerbelustigung reale Hinrichtungen vollzogen werden, nur als Gerücht. Irgendwann werden auch solche Höllenwerke zu uns kommen, vielleicht aus Asien, vielleicht aus Afrika, wer traut sich zuerst? Und wann sind wir selbst soweit? In Shirley Jacksons Kurzgeschichte »Die Lotterie« veranstaltet ein ansonsten normal-bürgerliches Städtchen jedes Jahr eine Steinigung. Das Opfer wird per Losentscheid ermittelt. »Es ist nicht fair, es nicht richtig«, kreischt die Familienmutter, die es diesmal trifft, dann fliegen die Steine. Fair? Richtig? Relativ. »Wenn es dich glücklich macht, kann es nicht schlecht sein«, singt Sheryl Crow.

Momentchen

Spätestens seit dem »Club der toten Dichter« lautet das Lebensmotto vieler Menschen: Carpe Diem, ergreife den Tag, lebe jetzt, warte nicht, plane nicht, entscheide ganz spontan, folge deinem Bauch. Dabei ist gerade die Fähigkeit zum Gratifikationsaufschub ein Kennzeichen starker und erfolgreicher Charaktere. Das beweist der Marshmallow-Test aus den sechziger Jahren. Kleine Kinder wurden vor die Wahl gestellt: entweder sofort eine Süßigkeit zu essen oder, wenn sie mit dem Verzehr warteten, eine zweite dazu zu bekommen. Die Kinder, die nicht warten konnten, erwiesen sich im weiteren Verlauf ihres Lebens als Verlierer. Menschen, die sich von Werbeclips auf Sofortkonsum konditionieren lassen, werden somit zu Losern abgerichtet. Wahres Glück braucht Zeit. Wahres Glück ist nicht, morgen neben einer wunderschönen Person aufzuwachen, die einen nett anlächelt. Wahres Glück ist, in dreißig Jahren glücklich neben derselben Person aufzuwachen, die einen immer noch nett anlächelt.

Das Leben im Turbogang führt zur Überhitzung. Unser Gehirn ist nicht für das Multitasking geschaffen, nicht dafür, gleichzeitig so viele Eindrücke wie möglich aufzunehmen, Menschen mit dem Speeddating-Blick in Zehntelsekunden zu beurteilen, um keine Zeit an die falschen zu verschwenden. Der Apostel Paulus ermahnte die Christen, sich Geduld und Langmut anzutrainieren, in die Tiefe statt in die Breite zu wachsen. Über die heutige Zeit hätte er ein vernichtendes Urteil gefällt. Weil wir keine Zeit mehr haben, dicke Bretter zu bohren, konzentrieren wir uns auf die Oberflächendekoration.

Unter den deutschen »100 Köpfen von morgen«, die von einer hochkarätigen Jury ausgewählt wurden, ist ein Beruf mit Abstand am häufigsten verteten. Jeder dritte »Kopf von morgen« arbeitet in der Designbranche. Ob grobkörnig-schwarzweiß oder bollywood-bunt: Außenrum schlägt längst innendrin.

Auf meinem Computer laufen minütlich Spam-Mails ein, explodieren Pop-Ups. Auf den TV-Nachrichtenkanälen vermelden die Laufbänder am laufenden Band »breaking news«. Auch wenn nichts passiert, passiert ständig etwas. Das Weltwissen verdoppelt sich alle fünf bis zehn Jahre. Wir können in unseren Hirnen gar nicht so viel Speicherplatz freiräumen, wie neue Anwendungen zur Verfügung stehen. »Was uns wirklich glücklich macht, sind Informationen«, behauptet der amerikanische Professor Gregory Berns, Autor von »Satisfaction. Warum nur Neues uns glücklich macht«. Allerdings greift auch hier der Mechanismus der »hedonistischen Tretmühle«. Wir gewöhnen uns sehr schnell an die Dinge, die uns glücklich machen sollen, verlangen deshalb nach höherer Dosis, nach noch mehr und noch schrilleren News.

Die medial erzeugte Dauererregung erschwert nicht nur die Konzentration, sondern auch echte Anteilnahme. In seinem Gedicht »Ich bin keine Kamera« schrieb W. H. Auden: »Die Kamera mag dem Lachen gerecht werden. Sorgen – degradiert sie.« In einer Science-Fiction-Geschichte von Kurt Vonnegut werden Menschen mit hohem IQ auf den intellektuellen Durchschnitt heruntergedrückt. Ihnen werden Helme aufgesetzt, die Störsignale senden und dadurch substanzielles Nachdenken verhindern. Reiz-Overkill macht dumpf und stumpf. Auch gegenüber Gott.

Berlin gilt als Welthauptstadt der coolen Clubs. Ich bin normalerweise kein Samstagnacht-Weggeher. Bis vor Kurzem konnte ich die Discos, die ich besucht hatte, an einer Hand abzählen. Dann habe ich mich bei einer »Clubnacht« verschärft ins Berliner Nachtgedöns gestürzt: Für 10 Euro gab's Zutritt zu 30 Clubs, viele Eindrücke für wenig Geld. »Sternradio«, »PolarTV«, »Kingkong Club«, »Geburtstagsklub«, »Magnet«, »Icon«, »Narva Lounge«, »Matrix« hießen die Tanzschuppen.

76

Oben drehten sich die Discokugeln, unten drängelte sich aufgebretzeltes Partyvolk um die Tresen, überall spielten sie den gleichen monotonen Mix aus House, Soul, Elektro. Als sich auch der DJ in Club Nummer 21, dem »Sage«, aus derselben Plattensammlung zu bedienen schien, wusste ich Bescheid über den faktischen Nihilismus der modernen Konsumkultur. Die Gleichung lautet: Ich + Alles + Jetzt = Nichts. Jedenfalls nichts wirklich Neues, nichts wirklich Wichtiges. »Wie viel bedeutet der Augenblick / Für die, die nichts weiter haben«, heißt es in einem Gedicht von Emily Dickinson, »der Geck, der Kritiker, der Atheist / Stapeln eines ganzen Laden / Auf eines Augenblicks flachen Rand / Dieweil ihre eilenden Füße / Von den Strömen der Ewigkeit / Beinah überflutet sind.«

***

Ob es um Internetpornografie oder Stammzellenforschung geht – wenn technischer Fortschritt und kapitalistisches Gewinnstreben sich verbünden, kann der Einzelne nur schwer widerstehen. Wir sind von Natur aus ichzentriert, raffgierig und ungeduldig. Das sollten alle Pfarrer berücksichtigen, die ihre jungen Gemeindeschäfchen für die Alltagsherausforderungen wappnen wollen. Die Jesus-Botschaft vom Ego-Entzug, vom Verzicht und von der Weitsichtigkeit ist zutiefst unattraktiv für Menschen, die es gewohnt sind, umschmeichelt und umworben zu werden.

In dem französischen Kostümfilm »Ridicule« sucht ein Wissenschaftler Zugang zum Hof von Versailles. Er will den König bitten, einen mit Bazillen verseuchten Teich trockenzulegen. Doch eine Audienz gibt es nur, wenn man vorher mit amüsanten Sprüchen auf sich aufmerksam gemacht hat. Der Wissenschaftler übt sich in der Kunst des flotten Parlierens, wird schließlich auch zum König vorgelassen. Allerdings ist er in der Zwischenzeit selbst zum Zyniker geworden; seine ursprüngliche Mission hat er vergessen. So ähnlich komme ich mir häufig vor: nicht als Gottes Botschafter in einer gefallenen Welt, sondern als verwirrter Partygast. Dabei sollen wir Bewusstmacher sein: nicht nur Werbende, sondern auch Warnende. Chesterton wollte »keine Kirche, die mir sagt, wo ich Recht habe«, sondern eine Kirche, »die mir sagt, wo ich Unrecht habe«. Für Brecht war schon viel »gewonnen, wenn nur einer aufsteht und ›Nein‹ sagt«.

»Mit leerem Kopf nickt sich's leichter«, sagt ein Sprichwort. Wer lernen will, an den richtigen Stellen den Kopf zu schütteln, muss lernen, ihn vorher mit Wichtigem zu füllen. Irgendeine Bibel in der Nähe?

3.0 **Hoffnung:** Agendasetting

Es gibt einen verbreiteten Irrtum über den christlichen Glauben: dass er irgendwie »bürgerlich« sei. Mit der Taufe, so die verbreitete Vorstellung, bekommt man ein Himmelsvisum und mit der Bibel das Drehbuch für ein anständiges Leben.

Mit dem originalen Christentum hat das wenig zu tun. Jesus war ein Bürgerschreck, der die permanente Revolution ausrief. Er warb nicht für einen Flatrate-Glauben mit Premium-Angeboten für Extrafromme. »Das Reich Gottes ist gekommen«, war seine Botschaft, und er rekrutierte Freiwillige, um die Gute Nachricht zu verbreiten. Christen sind ihr Leben lang in der Lehre Gottes, parallel dazu jobben sie als seine Lobbyisten. Christen sind nie fertig, sondern immer in der Entwicklung. »Das christliche Leben ist nicht Frommsein«, schrieb Luther, »sondern Frommwerden«, der Glaube ist nicht additiv, sondern transformativ. Wer Christ wird, hat begriffen, dass er das Glück bisher an den falschen Orten gesucht hat. Wer Christ ist, begreift, dass er bisher das falsche Glück gesucht hat.

Der Nicht-Christ lebt defizitorientiert, er ist damit beschäftigt, seinen Bedarfsspeicher zu füllen. Der Christ sollte wachstumsorientiert leben, weil Gott nicht nur sein Vakuum füllt, sondern neue Handlungsräume schafft. Der Ägyptologe Jan Assmann spricht im Hinblick auf das Juden- und Christentum von der »Theologie des Willens« und von der »Religion eines Gottes, der mit uns etwas vorhat und auf etwas hinauswill«. Und wieder zeigt sich, dass unser Glaube – anders als viele andere Sinnangebote – mit den Grundprinzipien der Schöpfung übereinstimmt. Denn Sein gibt es immer nur als Werden. Alles Leben ist dynamisch. Glücksforscher haben bewiesen: Menschen bekommen gute Laune, wenn sie sich Ziele setzen, wenn sie Aussicht auf positive Veränderung haben. Die Tragik von Sven Regeners Romanfigur »Herrn Lehmann«, dem typischen traurigen Helden unserer Zeit, liegt darin, dass er kein Ziel hat. »Ich gehe erst einmal los«, sind seine letzten Worte, »der Rest wird sich schon irgendwie ergeben.« Christen gehen auch los, aber auf ein Ziel zu.

Die Entscheidung für Gott ist eine Entscheidung für eine Weiterentwicklung, so ähnlich, wie wenn man sich verliebt. »Wir verlieben uns, wenn wir bereit sind, uns zu verändern«, schreibt Francesco Alberoni, »wir verlieben uns, wenn wir jemandem begegnen, der uns hilft, zu wachsen und neue Möglichkeiten zu verwirklichen.« Der Glaube gibt unserem Leben nicht nur eine neue Grundlage, sondern auch einen neuen Fokus. Wir sind nicht nur neuen Autoritäten verpflichtet, sondern auch neuen Prioritäten. Welche Prioritäten, will ich in diesem Kapitel skizzieren.

Zunächst einmal ist wichtig: Der Glaubende *stagniert* nicht, er *strebt*. »Ich jage nach der Gerechtigkeit, der Frömmigkeit, der Liebe«, sagt Paulus. »Ich vergesse, was dahinten ist, und strecke mich aus nach dem, was da vorne ist.« In der Bibel wimmelt es von Reisemetaphern, von Wegen, die durch Wüsten und finstere Täler führen. Christsein erfordert Mut, weil Wachstum Mut erfordert und oft mit inneren Schmerzen verbunden ist. »Gott liebt dich und hat einen wunderbaren Plan für dein Leben«, versprechen manche Evangelisten. Zutreffender wäre: »Gott liebt dich und hat einen schwierigen Plan für dein Leben« – weil das Leben schwierig ist und Gott uns zu sehr liebt, um uns darüber hinwegzutäuschen.

Mit dem Glauben verschwindet nicht die Anspannung aus unserem Leben, sie verlagert sich nur; ich bin zwar im Reinen mit Gott, dafür aber im Konflikt mit meinen sündigen Veranlagungen und den Verlockungen der Welt. Das kann anstrengen, das kann teuer werden. Ökonomen würden von »Opportunitätskosten« sprechen.

Christen machen immer wieder die verstörende Erfahrung, dass sie nicht vom Schicksal einseitig begünstigt sind. Auch ich habe manchmal den Eindruck, die Kundenschlange an der Kasse nebenan ist grundsätzlich kürzer, und die Ampeln verschwören sich zur Rot-Attacke, wenn ich es eilig habe. An der Filmschule in Los Angeles hatte ich einen tiefgläubigen Kommilitonen, der mir immer wieder versicherte: Gott will, dass die Namen von Christen ganz vorne im Filmabspann kommen. Er selbst sah sich für eine große Regiekarriere prädestiniert. Kürzlich habe ich seinen Namen gegoogelt. Er wirkte zuletzt als Maskenbildner an einem Studentenfilm mit.

»Gib mir, o Herr, ein sonnig Gemüt / Für deinen windigen Willen«, betete die Dichterin Emily Dickinson. Heinrich Heine haderte mit Gott: »Warum schleppt sich blutend, elend / Unter Kreuzlast der Gerechte / Während glücklich als ein Sieger / Trabt auf hohem Ross der Schlechte?« Sind Gebete für Gesundheit und Wohlstand also sinnlos? Nein, Gott kann heilen und Gott kann materiell segnen. Er kann uns aber auch zu einem mühsamen Sonderdienst berufen, uns dazu privilegieren, besonders schwere Lasten zu tragen. »Was wäre denn das für eine Liebe zu Gott ohne Leiden?«, fragte Maximilian Kolbe, der sich stellvertretend für einen anderen Auschwitz-Häftling zum qualvollen Hungertod verurteilen ließ. No risk, no faith. Die schönsten Kirchenlieder stammen aus der Feder von Leuten, die verwitwet oder verfolgt waren. »Von guten Mächten wunderbar geborgen« entstand im Gestapo-Keller, »Dies ist der Tag, den Gott gemacht« zwischen depressiven Anfällen, »Oh, dass ich tausend Zungen hätte« auf den Trümmern eines abgebrannten Hauses, »O du fröhliche« in schwerer Krankheit. Der Autor von »Lobe den Herren« starb mit 30 Jahren, vermutlich an der Pest. Der wohl bekannteste Kirchenlieder-dichter, Paul Gerhardt, muss große Tränensäcke unter seinen Augen gehabt haben. Er verlor vier seiner fünf Kinder, bald darauf auch seine Ehefrau, schließlich auch seine Berliner Kanzel. Zu seinen bekanntesten Liedern gehören »Geh aus mein Herz und suche Freud« und »Nun danket all und bringet Ehr«.

Christen beten nicht um Erfolg, sondern um Führung. Ignatius von Loyola zog den Vergleich zu einem König, der zwei Söhne hat: »Den einen sendet er zu wichtigen Unternehmungen und schwierigen Feldzügen, den anderen hält er im Saale bei der Tafel. Welchem wird wohl Größeres zuteil?« Teresa von Avila hielt es für eine »Torheit« zu glauben, »Gott gewähre seine enge Freundschaft den Verweichlichten und Unbeschwerten«. Im Jakobusbrief werden die Gläubigen ermahnt: »Ihr bittet und empfangt nichts, weil ihr in übler Absicht bittet, nämlich damit ihrs für eure Gelüste vergeuden könnt.«

Mit dem spirituellen Wachstum ist es wie mit dem intellektuellen: Man durchschreitet verschiedene Reifephasen. Der jugendliche Christ hat hohe Ideale, der erwachsene Christ verbindet die Ideale mit einem geschärften Realitätssinn, der ältere Christ hat sich an der Realität abgearbeitet, viele Ideale eingebüßt, dabei aber ein Sensorium für die ewigen Dinge entwickelt.

Zum Glück sind wir auf dem Weg nicht alleine. Der Glaube funktioniert nach dem »Push and Pull«-Prinzip. Wir drücken, der Heilige Geist zieht. Ich habe bisher nicht viel über den Heiligen Geist geschrieben. Die Bibel selbst ist mit konkreten Beschreibungen ziemlich sparsam. Der Heilige Geist ist der uns von Gott geschenkte Seelenkoordinator, der unser geistliches Wachstum mitreguliert. Nur marschieren müssen wir selbst. »Was zählt, ist auf'm Platz«, lautet eine alte Fußballerweisheit. Der Glaube muss sich im Leben bewähren, in vielen kleinen Entscheidungen, die sich zu Gewohnheiten summieren, die schließlich den Charakter bilden. »Wer im Geringsten treu ist, der ist auch im Großen treu«, hat Jesus gelehrt. Um richtig entscheiden zu können, brauchen wir einen Standpunkt. Und wir brauchen eine Agenda.

3.1 Jetzt: Love & Order

Wir haben eine Mission, und wir haben ein Ziel. Das Einsatzgebiet ist hier, die Endstation in der Ewigkeit. Wer seine Hoffnungen schon zu Lebzeiten erfüllt haben will, wird enttäuscht. Wer seinen Tätigkeitsschwerpunkt von vornherein auf die spirituelle Welt verlegt, verfehlt seine Berufung. Gibt es unter Christen schon bei der Frage nach dem »Woher« erhebliche Meinungsunterschiede, gilt das noch mehr für die Frage nach dem »Wofür« und »Wohin«.

Unsere Mission ist ...

... nicht die Selbsterfüllung: Wir streben nicht nach einem heiligen Flow, nicht nach einem Dauerzustand heiterer Gelassenheit, nicht nach ekstatischen Erfahrungen. Von Jesus wird berichtet, dass er gesungen hat, vermutlich auch getanzt. Die meiste Zeit lehrte er jedoch, säte er Saat auf Hoffnung. Er ging hart mit Menschen ins Gericht, die sich vor allem um ihren Besitz und ihre Reputation kümmerten. »Sie sind Feinde des Kreuzes Christi«, schimpfte Paulus über diese Klientel, »ihr Ende ist die Verdammnis. Ihr Gott ist der Bauch, und ihre Ehre ist in ihrer Schande, sie sind irdisch gesinnt.« Christen kommen dann aus dem Tritt, wenn sie anfangen, sich nicht für Pilger, sondern für Touristen zu halten, wenn sie die Via Dolorosa mit einem Laufsteg verwechseln.

... nicht die Selbstvervollkommnung. Wir werden nie sein wie Jesus. Er konnte die Liebe selbst sein, weil er als einziger Mensch keinen Glauben brauchte und keine Hoffnung, denn er hatte Gewissheit: Er war Gott, und er kam aus der Ewigkeit. Diese Festigkeit des Standpunkts und diese zweifelsfreie Ausrichtung über das Zeitliche hinaus werden wir auf dieser Welt nicht bekommen. Zu den frustrierendsten Erlebnissen als Christ gehört es, wenn man Glaubensidole fallen sieht, wenn man bemerkt, dass es auch bei prominenten Predigern »menschelt«. Seit Ludwig dem Heiligen, Oliver Cromwell, Friedrich Wilhelm IV., Jimmy Carter und George W. Bush wissen wir: »Erweckte« Christen können problematische Regierungschefs sein. Manchmal tröstet einen nur die Vorstellung, wie unerträglich manche Leute sich erst aufführen würden, wenn sie keine Christen wären. Damit meine ich auch mich selbst. Es fällt mir tatsächlich leichter, einen Marathon zu laufen, als eine Stunde konzentriert zu beten. Wäre Christsein eine geistliche Hochleistungsdisziplin, ich würde noch nicht mal die Qualifikationsrunde überstehen. »Sie leben enthaltsam und kennen keine Annehmlichkeiten«, schrieb der jüdische Historiker Josephus über die Pharisäer, »sie glauben auch, dass die Seelen unsterblich sind und dass dieselben, je nachdem ein Mensch tugendhaft oder lasterhaft gewesen, unter der Erde Lohn oder Strafe enthalten«. Josephus hielt die Pharisäer für ziemlich tolle Typen, vom Volk bewundert für ihre konsequente Frömmigkeit. Jesus machte aber gerade sie zu seinen Lieblingszielscheiben, weil sie selbstgefällig waren und nicht gottselig. »Ich habe Lust an der Liebe und nicht am Opfer«, lässt Gott seinem Volk durch den Propheten Hosea ausrichten. Christen wollen nicht in erster Linie besser werden, sondern Gott und den Nächsten näher kommen.

... nicht die Weltvervollkommnung. Nach unzähligen

85

kläglich gescheiterten Versuchen, den Himmel auf die Erde zu holen, kann man festhalten: Er bleibt oben. Wir können mit Gottes Hilfe zunächst nur Denk- und Verhaltensstrukturen ändern, hoffentlich mit Auswirkungen für die ganze Gesellschaft. Die Bergpredigt bietet keinen Bauplan für eine vollkommen gerechte Welt, nur eine Anleitung für Reparaturarbeiten.

Auch wenn die Erkenntnis schmerzt: Es geht in erster Linie *nicht* um *mein* spirituelles Wachstum und um *mein* soziales Engagement, es geht *nicht* in erster Linie um *mich*. In einem Gedicht von Nikolai Berdjajew habe ich gelesen: »Die Sorge um mein tägliches Brot ist eine materielle Frage. Die Sorge um das Brot meines Bruders ist eine geistliche Frage.« Christen finden ihren Reichtum außerhalb ihrer selbst. Gott stattet uns mit einer Lizenz aus, die von uns selbst wegführt, mit der Lizenz zum Lieben. Die vielleicht einzige absolute Gewissheit, die wir haben, ist die: Wenn wir lieben, handeln wir richtig.

Augustinus definiert die Tugend deshalb als »Ordnung der Liebe«. Für Christen kommt es nicht in erster Linie auf Sach- sondern auf Liebeskompetenz an, nicht auf die *hard skills,* sondern auf die *soft skills.* »Die Stimme der Moral ist die Stimme, die das andere Fühlen im eigenen vertritt«, schreibt der Soziologe Georg Franck. »Die Liebe sucht nicht das Ihre«, konstatierte Paulus in seinem berühmten Liebeshymnus im Korintherbrief. »Cool ist, wer sein Leben liebt«, sagt der Popstar Justin Timberlake. Heilig ist, wer Gott und seinen Nächsten genauso liebt wie sein eigenes Leben.

»Was du nicht willst, das man dir tu ...«, beginnt die saloppe Version des Kantschen moralischen Imperativs, an dem sich viele orientieren. Es handelt sich um eine Ethik der Unterlassung. Das rote Lämpchen unseres Gewissens blinkt, wenn wir den Bereich des Bösen betreten, es warnt, aber es spornt nicht an. Die Liebe zu Gott und dem Nächsten, die der christliche Glaube vorgibt, ist dagegen kein passiver, sondern ein aktiver Affekt. Für Paulus zählte nur »der Glaube, der durch die Liebe tätig ist«, aus allen seinen Erkenntnissen zog er als Hauptsumme »die Liebe aus reinem Herzen«, sie war für ihn »des Gesetzes Erfüllung«, »das Band der Vollkommenheit«. Das Wahre und das Schöne lassen sich reproduzieren, als Buch und als Bild, die Liebe gibt es nur im Original. Man kann die ganze Menschheit mögen, man kann nur einzelne Menschen lieben. Die Liebe gibt es nur mit dem Laser, nicht mit der Gießkanne. Christen interessieren sich erst für das Individuum, dann für die Verhältnisse.

In den Medien ist Liebe allgegenwärtig, in Popsongs und Seifenopern, aber fast immer als erotische Liebe. Wenn Paulus von der Liebe spricht, steht im Urtext nicht »Eros«, sondern »Agape«, die göttliche bzw. geschwisterliche Form der Liebe. Der »Eros« zieht mich zum Nächsten, weil ich etwas Schönes für ihn fühle, die »Agape« treibt mich zum Nächsten, weil Gott etwas Schönes für ihn fühlt. Der Eros ist exklusiv, die Agape inklusiv, jeder kann theoretisch Objekt meiner Zuneigung sein. Ich gebe zu, dass mich das irritiert. Wenn ich mich mit prominenten oder attraktiven Menschen treffe, fühle ich mich aufgewertet. Wenn ich dagegen mit Menschen zu tun habe, die mich nicht »kicken«, schaue ich irgendwann instinktiv auf die Uhr und verabschiede mich später mit einem lustlosen: »Wir telefonieren.« Ich muss mich jedes Mal neu daran erinnern, dass Gott in solchen Fällen nicht von mir verlangt, Glückshormone auszuschütten, und dass Gott die Menschen nicht nach ihrer momentanen Substanz, sondern nach ihrem ewigen Potenzial beurteilt. Agape ist Einstellungssache. In seinem Buch über »Manieren« gibt Asfa-Wossen Asserate eine Faustregel vor, die ich mir zu eigen machen will: »Der Höhergestellte ist immer der andere.« Agape bedeutet, dem Nächsten wohlgesinnt zu sein. »Die Liebe hüllt ihren Gegenstand in eine günstige Atmosphäre«, schreibt der Philosoph Ortega y Gasset. »In Demut achte einer den anderen höher als sich selbst, und ein jeder sehe nicht auf das Seine, sondern auch auf das, was dem andern dient«, lehrt Paulus. Dabei dienen dem anderen nicht nur mein Geld und meine Aufmerksamkeit. Es geht nicht nur darum, Lebensverhältnisse zu humanisieren, sondern darum, Menschen erst in Beziehung zu Gott und dann in Beziehungen zueinander zu bringen.

Das Christentum hat die Nächstenliebe nicht erfunden, aber universalisiert und vor allem die Außenseiter ins Zentrum gerückt. Als ich vor einem Jahr Brasilien besucht habe, bin ich nicht nur an den »Girls von Ipanema« vorbeigelaufen, sondern auch über Mädchen mit schreienden Säuglingen im Arm hinweggestiegen, die in schmutzigen Schlafsäcken am Straßenrand lagen. Ich war verwirrt, ratlos, beschämt. Diesen Menschen, das wusste ich, soll unsere besondere Anteilnahme gelten. Im Jakobusbrief werden die Gläubigen ermahnt, »die Waisen und Witwen in ihrer Trübsal zu besuchen«. »Wer sich der Armen erbarmt, der leiht dem Herrn«, heißt es in den

Sprüchen Salomos. Jesus preist »die Leidenden« und erklärt: »Was ihr getan habt einem von diesen meinen geringsten Brüdern, dass habt ihr mir getan.« Das gilt zunächst und ganz besonders für Opfer, die bereits zur christlichen Gemeinde gehören. »Lasst uns Gutes tun an jedermann, allermeist aber an des Glaubens Genossen«, schreibt Paulus. Genau das meint auch Jesus, wenn er von »Brüdern« spricht, von denen, die »hungert und dürstet nach der Gerechtigkeit«. Zunächst sind wir aufgerufen, innerhalb der christlichen Gemeinde modellhaft vorzuleben, was Gott unter Solidarität versteht.

In der Zeitschrift »Neon« habe ich von einem jungen Erben gelesen, der einen Teil seines Vermögens an eine wohltätige Stiftung abgetreten hat. »Ich spende nur so viel, dass sich für mich nichts ändert«, versicherte er, »wichtig ist, dass ich meine Unabhängigkeit bewahre.« Christen sind aufgerufen, über die Komfortgrenze hinaus zu lieben und keine Privilegien als selbstverständlich für sich zu reklamieren. »Christen sind Menschen mit den Blumen in den Händen«, schrieb Bernhard von Clairvaux – und manchmal besitzen sie auch nicht viel mehr. Viele der großherzigsten Christen, die ich kenne, reisen mit leichtem Gepäck. Weil sie sich nicht 70 Stunden im Büro aufhalten müssen, sich nicht um ihre Kapitalanlagen kümmern müssen, können sie sich um Obdachlose, Alkoholiker, Sexsüchtige oder die kranke Oma aus der Kirchenreihe vor ihnen sorgen. Ihnen tun Dinge weh, die anderen nur leidtun. Ich frage mich, was aus mir geworden wäre, wenn ich nicht immer wieder solchen Menschen begegnet wäre. Menschen wie meinen Eltern, die sich als 24/7-Seelsorger verstanden.

Wie lernen Christen die Kunst der Liebe, womöglich sogar die hohe Kunst der Feindesliebe? Wenn es einen psychischen Defekt gäbe, den ich gerne hätte, dann wäre es das Helfersyndrom. Habe ich leider nicht. Was tun, wenn mich die Sorge um eine angekratzte CD blockiert für die Nöte meiner Mitmenschen? Ich halte es hier mit zwei Philosophen. Mit Hannah Arendt, die sagt: »Die Moral hebt an, wo die Neigung gestorben ist.« Und mit Kant: »Man kann nicht befehlen zu lieben, sondern wohl zu wollen.« Ich will lernen, wohl zu wollen, oder, wie es die Bibel formuliert, ein »reines Herz« zu haben. Schopenhauer hatte Unrecht, wenn er den Willen einseitig als »blinden, dunklen, dummen, gierigen, boshaften Trieb« denunzierte. »Womit beginnt Größe?«, fragte der Historiker Jacob Burckhardt, »Größe ist die Verbindung eines bestimmten Geistes mit einem bestimmten Willen.« Wer den Heiligen Geist hat, der will lieben, auch wenn er dabei immer wieder versagt.

Entschluss bedeutet aber auch Ausschluss. In der Antike wurde Richtern, die sich zum Christentum bekehrt hatten, vorgeschrieben, ihr Amt niederzulegen. Und zwar nicht seitens der Behörde, sondern seitens der Kirche. Zum Richterjob gehörte es damals, Spektakel wie Gladiatorenkämpfe zu veranstalten und an öffentlichen Opferzeremonien teilzunehmen. Für Christen inakzeptabel, entschieden die Gemeindevorsteher. Was die modernen »No Go Areas« für Christen sind, will ich nicht im Einzelnen festlegen. Aber es gibt welche. Der Evangelische Katechismus fordert auf, »sich die Sünde von Herzen leid sein lassen und sie je länger je mehr hassen und fliehen«. Als letzte Richtschnur, wenn unsere Kommandozentrale sich aus dem Herz in den Bauch oder Unterleib verlagert, dienen die Zehn Gebote. Eigentlich gilt das Pauluswort: »Die Liebe ist des Gesetzes Erfüllung.« – »Liebe und tu, was du willst«, riet Augustinus. Deshalb sind die Zehn Gebote für Christen tatsächlich von nachrangiger Bedeutung. Es handelt sich um Grenzzäune, für den Fall, dass unsere Selbstsucht mit uns durchgeht. Genau wie Eheleute nicht zusammenbleiben, weil sie Angst vor der Scheidung haben, so lassen sich Christen nicht durch Angst vor dem Zorn Gottes zur Liebe motivieren. Wer das Beste des Nächsten im Sinn hat, für den kommen Diebstahl, Ehebruch und Mord ohnehin nicht in Frage. Andererseits schützen uns die Zehn Gebote vor situationsethischer Verblendung. Ich kenne Pfarrer, die ihren Ehebruch psychologisch verbrämt haben, denen dabei offenbar auch egal war, welches Vorbild sie für die orientierungssuchenden Jugendlichen ihrer Gemeinde abgaben. Liebe ist eben nicht nur horizontal auf die Zeitgenossen ausgerichtet, sondern auch vertikal auf die nachfolgenden Generationen.

Die Kirche ist deshalb aus dem Tritt geraten, weil sie nicht mehr dafür zuständig ist, Leid zu lindern, sondern auch noch Rave Partys zu organisieren. Doch sie übernimmt sich, wenn sie sowohl Rettungsboot als auch Surfbrett sein will. In seiner Einstein-Biografie nennt Jürgen Neffe als Voraussetzung für den Genius des Physikers »Zielstrebigkeit und unendliche Sturheit«. Wer sich stur auf das Reich Gottes konzentriert, muss womöglich Karriereeinbußen in Kauf nehmen. »Wer Sympathie empfindet, kommt nicht vorwärts«, mutmaßt Fernando Pessoa. Es war die vermeintliche Schwäche der Christen, die Friedrich Nietzsche seinen »Anti-Christen« und andere Pamphlete schrieben ließ. Selbst von schwächlicher Konstitution, aufgezogen von lauter Frauen, steigerte er sich in einen Macho-Wahn hinein: »Die Kranken sind die größte Gefahr für die Gesunden, nicht von den Stärksten kommt das Unheil für die Starken, sondern von den Schwachen.« Dabei gibt es kaum eine größere, beinahe übermenschliche Stärke, als zugunsten anderer, vor allem Schwächerer, von den eigenen Ambitionen abzusehen. Jacob Burckhardt erkannte für »große Geister« zwei Stufen der Selbstüberwindung. Auf der ersten kämpfen sie dagegen, dass sie das »Privatleben mit seinen Interessen und Bequemlichkeiten [...] umspinnt«. Die zweite Stufe liegt »im Verzichtenkönnen auf Vorteile zugunsten des Sittlichen, in der freiwilligen Beschränkung nicht bloß aus Klugheit, sondern aus innerer Güte, während die politische Größe egoistisch sein muss und alle Vorteile ausbeuten will«. Glaube macht stark.

Wir sollen Gott und den Nächsten lieben wie uns selbst. Das Zweite erscheint oft leichter als das Erste. Mir hilft es, wenn ich mich zurückversetze in meine Zeit als aknegeplagter Pennäler und mir vorstelle, die von mir angehimmelte Kim Wilde hätte mich dazu verdonnert, sie zu *lieben*. Wäre von meiner Seite aus klar gegangen. Noch viel mehr sollte es mich freuen, ja adeln, dass Gott darauf *besteht,* von mir geliebt zu werden. Erst diese Berufung macht mich fähig, fürsorglich zu sein. Das doppelte Liebesgebot kann deshalb nicht gesplittet werden. Nur weil Gott mit uns ist, können wir für andere da sein. Unser Liebespotenzial wird erst durch die Begegnung mit ihm aktiviert.

Alles praxisfern, Mission ja, aber Mission impossible, schaltet sich mein kritisches Bewusstsein ein. Die Realität ist oft mehr Krampf als Kampf, meine Liebesfähigkeit arg eingeschränkt. Erschüttert erlebe ich immer wieder, wie mich winzige kritische Kommentare an einem Tagesschaubeitrag mehr aus der Bahn werfen als die Nachricht, dass ein Bekannter an Krebs erkrankt ist. Ich bin Mitte dreißig, also in dem Alter, in dem man sich leicht der Illusion hingibt, man habe dem Leben gegenüber einen kleinen Wissensvorsprung herausgeholt. Gleichzeitig beschleicht mich manchmal die Angst, dass es mir in ein paar Jahrzehnten geht wie den traurigen Gestalten, die George Eliot in »Middlemarch« beschreibt: »In der Menge der Männer mittleren Alters gibt es immer eine gute Anzahl, die einmal gedacht hatten, sie würden eigenes Tun gestalten und ein wenig verändern. Wie es dazu kam, dass sie wie der Durchschnitt geformt und mit der Masse in eins geworfen wurden, diese Geschichte ist wohl kaum je erzählt.«

Dabei gebe ich zu: Ich ziehe ein Durchschnittsleben immer noch einem Märtyrerschicksal vor. In vielen Ländern führt die göttliche Mission nicht nur in den persönlichen Frust, sondern ins Gefängnis. »Alle, die fromm leben wollen in Christus Jesus, müssen Verfolgung leiden«, schrieb Paulus. Im alten Rom wurden Christen in grässlichen Zirkusnummern zu Tode gemartert. Noch im dritten Jahrhundert wird von römischen Soldaten berichtet, die sich weigerten, ihrem Glauben abzuschwören: Sie wurden nackt ausgezogen und zum Erfrieren auf einen vereisten See geschickt. Wer von ihnen überlebte, wurde hingerichtet. Im nachreformatorischen

Deutschland wurden allzu erweckte Christen als »unberufene Winkelprediger« mit Redeverbot belegt. Kierkegaard stöhnte wiederum: »Gegen Fürsten und Päpste zu kämpfen, wie ist das doch lindernd im Vergleich zum Kampf gegen die Masse.« Spott und Missachtung, das sind die Instrumente, mit denen die Produzenten der Massenkultur gegen die »Frommen« zu Feld ziehen. In Hollywood-Filmen wie »M.A.S.H.« und »Saved« werden entschiedene Christen als spießige Heuchler karikiert, in deutschen Spielfilmen kommen sie gar nicht erst vor. Um das Medienembargo zu durchbrechen, könnte man es mit Elisabeth Noelle halten: »Gruppen, die einen Wandel herbeiführen wollen, müssen darauf hinarbeiten, dass ihre Position öffentlich ohne Gefahr der Isolation gezeigt werden kann und dass die vorher gültige Position nicht mehr ohne Isolationsgefahr öffentlich vertreten werden kann.« Ich fürchte, dass das für die christliche Position nie wirklich gelten wird. Zu radikal, zu weltfremd.

Wer sich der Mission Gottes verschreibt, muss also akzeptieren, dass er die meiste Zeit nicht mit Flügeln der Liebe dahinfliegt, sondern im Gänsemarsch wie durch Zement stapft. Trotz aller Schwierigkeiten ist es ein guter Weg, denn er führt immer wieder in die Begegnung mit Gott und Mitmenschen. Wer gute Beziehungen hat, das steht fest, kann kein schlechtes Leben haben. »Kein steinern Bollwerk kann der Liebe wehren«, lässt Shakespeare seinen Romeo jubeln: »Und Liebe wagt, was irgend Liebe kann.«

3.2 Immer: Ewig währt am längsten

Bei einem Aufenthalt in Mexico City habe ich das Sterbezimmer der Malerin Frida Kahlo besucht. Eine leidenschaftliche Frau, begabt, bildschön. Sie hatte die Wand an der Fußseite ihres Bettes mit drei Porträts dekoriert: von Marx, Lenin und sogar von Stalin, dem Mörder ihres Ex-Liebhabers Trotzki. Noch im Todeskampf klammerte die Künstlerin sich an die bereits pervertierte Idee eines sozialistischen Paradieses. Wie anders ist mein Großvater gestorben, bis dato der einzige Mensch, dessen letztes Röcheln ich miterlebt habe. Ich war damals noch ein Kind. Meine Mutter hatte mich freundlich zwangsverpflichtet, ein Bild für die Wand vor seinem Bett zu zeichnen, postergroß, mit einem Bibelvers darauf: »Jesus Christus gestern und heute und derselbe auch in Ewigkeit.« Wilhelm Mohr, so hieß der alte Mann, hat einen letzten Seufzer ausgestoßen. Aber das war nicht sein Ende. Ich bin sicher: Kurz darauf hat er in der anderen Welt »Oh!« und »Ah!« gemacht. Wer nicht glaubt, dessen Leben endet dagegen ähnlich wie der Roman »Moby Dick«: »Dann stürzte alles ein, und das dunkle Laken des Meeres wogte weiter, wie es vor 5000 Jahren gewogt.« Freud behauptete: »Das Ziel allen Lebens ist der Tod.« Er irrte.

Der Weg ist nicht das Ziel, die letzte Ruhe nicht in einem Häufchen Staub, wir verschwinden nicht im Nebel, während das Meer weiterwogt. Wir Christen sind auf einem Himmelfahrtskommando. Wir gehen dem absoluten

Horizont entgegen, freuen uns auf die Ruhe nach dem irdischen Sturm. »Wir leben im Licht des kommenden Tages«, schrieb Paulus. Statt eines »Langen Tages Reise in die Nacht«, so der Titel eines Dramas von Eugene O'Neill, unternehmen wir einer langen Nacht Reise in den Tag. Wenn für säkulare Denker gilt: »Ich denke, also bin ich«, dann gilt für uns: »Ich glaube, also bin ich ewig.«

Ohne Hoffnung auf den Himmel können wir unsere Mission nicht erfüllen. »Ohne Hoffnung«, schreibt Hannah Arendt, »ist weder Glaube noch Liebe möglich.« Weil ohne Hoffnung Glaube und Liebe vergeblich wären. In den Psalmen wird kaum eine Frage so hartnäckig gestellt wie die, warum es den Bösewichtern oft so gut geht und den Gottesfürchtigen so schlecht. Wer sich für Gott und andere engagiert, handelt nicht völlig selbstlos, sondern auf der Basis einer Kosten-Nutzen-Analyse. »Güte ist die einzige Kapitalanlage, welche nie verloren geht«, behauptet H. D. Thoreau in »Walden«. Jesus verspricht: »Es ist niemand, der Haus oder Brüder oder Schwestern oder Mutter oder Vater oder Kinder oder Äcker verlässt um meinetwillen und um des Evangeliums willen, der nicht hundertfach empfange: jetzt in dieser Zeit Häuser und Brüder und Schwestern und Mütter und Kinder und Äcker mitten unter Verfolgungen und in der zukünftigen Welt das ewige Leben.« Nichts ist umsonst, lehrt die Bibel, alles kommt zurück. »Wenn man in der Geschichte zurückgeht«, schreibt C. S. Lewis, »dann stellt man fest, dass diejenigen Christen am meisten für das Diesseits taten, die am meisten an das Jenseits dachten.«

Mittlerweile ist vom Himmel weit häufiger in Popsongs die Rede als in Predigten: Am Ewigkeitssonntag saß ich in der wieder aufgebauten Dresdner Frauenkirche. Der Pfarrer reflektiert laut über das Sterben. Seine Worte modern, denn das Danach verschweigt er. Prinzip Hoffnungslosigkeit. Dabei ist es gerade die Hoffnung auf den Himmel, die es möglich macht, Gratifikationen aufzuschieben und Gelegenheiten auszulassen. »Mit wachsender Geschwindigkeit aus großer Höhe fallen – das ist das Leben«, sinnierte Tolstoi ein paar Jahre vor seinem eigenen Tod. »Das muss man wissen, damit man vernünftig lebt, sich nicht darüber wundert, dass man fällt; sich nicht an etwas klammert, an dem man vorüberfliegt; man zerschindet sich nur die Hände.« Die Hoffnung auf den Himmel hilft, die Schwerkraft der Sünde zwar nicht auszuschalten, aber ihre Wirkung zu mindern: »Erde, Planetengreis, du saugst an meinem Fuß, der fliegen will«, dichtete Nelly Sachs. Die Hoffnung auf den Himmel stärkt mich in geistlichen Null-Bock-Phasen. Als Jesus mit kompromisslosen Ansagen viele seiner Anhänger vergraulte, fragte er den verbliebenen harten Kern, die zwölf Jünger: »Wollt auch ihr weggehen?« Petrus gibt die Antwort, die auch ich manchmal leise nachspreche: »Herr, wohin sollen wir gehen? *Du* hast Worte des ewigen Lebens.«

Langstreckenläufer kennen den »Mann mit dem Hammer«. Er kommt beim Marathon im letzten Drittel, irgendwann ab Kilometer 30, spätestens von da an ist jeder Schritt Qual. Für jeden Menschen kommt irgendwann der Mann mit dem Hammer. In Gestalt eines unachtsamen Autofahrers. Oder eines stirnrunzelnden Arztes, der etwas von »Karzinomen«, »Metastasen« und »vielversprechenden Therapien« faselt. »Gott gebe euch erleuchtete Augen des Herzens«, schreibt Paulus im Brief an die Epheser, »damit ihr erkennt, zu welcher Hoffnung ihr von ihm berufen seid.« Sollte eines Tages der Hammer auf mich herunterkrachen, hoffe ich, dass Gott meine Augen erleuchtet.

Wenn die ersten Christen nicht fest mit dem ewigen Leben gerechnet hätten, dann wäre das Christentum eine Episode geblieben. Je mehr Christen bereit waren, sich für ihren Glauben töten zu lassen, desto rascher breitete sich ihr Glaube aus. Christen sind deshalb »Menschen für jede Jahreszeit«, so der Titel eines Dramas über den katholischen Märtyrer Thomas Morus, weil sie eben nicht für jetzt leben, sondern für immer. »In wenigen Minuten sehen wir uns in der Ewigkeit wieder«, sagte Christoph Probst zu Sophie Scholl, bevor beide exekutiert wurden. Helmuth James Graf von Moltke bedauerte »diese armseligen Kreaturen« wie den Nazi-Blutrichter Freisler, weil sie »nicht einmal begreifen [...], wie wenig sie nehmen können!« Wenn ich in einer Sammelbiografie über »Christen, die jeder kennen sollte« blättere, fällt mir auf, dass viele davon auf dem Schafott oder im Exil endeten.

Es war kurz nach der Jahrtausendwende, als der Anteil der Deutschen, die an ein Leben nach dem Tod glauben, unter die 50 Prozent-Marke rutschte: ein dramatischer Wendepunkt in unserer Kulturgeschichte. Das, was Dostojewski in den »Brüdern Karamasow« als »höchste Idee auf Erden« bezeichnete, ist mittlerweile nur noch ein Geheimtipp. Die Mehrheit folgt Bertolt Brecht: »Ihr sterbt mit allen Tieren und es kommt nichts nachher.« Der Soziologe Werner Schulze, Sohn eines Theologen, kommt in seinem Buch über die »Sieben Todsünden« zu dem

Schluss: »Es bleibt das Diesseits und sonst nichts.« Er rät folgerichtig, sich mit den aufgezählten Lastern irgendwie zu arrangieren.

Mich verblüffen immer wieder Kollegen, die mir versichern, sie hätten keine Angst vor dem Tod. Irgendwann beißen sie halt ins Gras, kommen in die Kiste, geben den Löffel ab, sind dann mal weg. »Die Mutigen wissen / Dass sie nicht auferstehen / Dass kein Fleisch um sie wächst / Am jüngsten Morgen / Dass sie nichts mehr erinnern / Niemand wieder begegnen / Dass nichts ihrer wartet / Keine Seligkeit / Keine Folter«, heißt es in einem Gedicht von Marie Luise Kaschnitz, »ich« – endet das Poem – »bin nicht mutig.« Ich finde es nicht mutig, das eigene Irgendwann-nicht-mehr-Sein zu akzeptieren. Ich finde es falsch und fahrlässig.

Die Himmelslichter sind vor ein paar Jahrhunderten zuerst in vereinzelten Philosophenstuben ausgegangen. Inzwischen haben auch die meisten Pfarrer aufgehört, »Maranatha«, »Unser Herr, komm«, zu singen. Sie wollen sich nicht dem Vorwurf aussetzen, die Menschen durch Jenseitsvertröstung um das Glück der Gegenwart zu betrügen. Also verwandeln sie den Himmel in einen Horizont unklarer Möglichkeiten oder noch schlimmer: Sie verschweigen ihn und machen sich damit selbst überflüssig. »Von dem Augenblick, in dem man nicht mehr an das ewige Leben glaubt«, schreibt der Skandalautor Michel Houellebecque, »kann es keine Religion mehr geben«, nur noch, wenn man nach seinen Büchern urteilt, wilden Sex und tiefe Verzweiflung.

Wenn, so der römische Denker Cicero, Philosophen nichts anderes tun, als sich auf den Tod vorzubereiten, dann sollten Theologen uns vor allem auf das Leben danach vorbereiten. Die Terror-Management-Theorie lehrt, dass Menschen, die sich mit dem eigenen Sterben konfrontiert sehen, anders handeln als Personen, die noch lange zu leben glauben: Sie handeln nicht nur bewusster, sondern auch wert-bewusster. Wer sich mit dem eigenen Sterben und Weiterleben beschäftigt, lebt anders, gleichzeitig intensiver und gelassener.

Es kann nicht geleugnet werden, dass die meisten Menschen sich zumindest insgeheim ein Happy Never-End wünschen. »Es hat wohl niemals eine rechtschaffene Seele gelebt«, vermutete Kant, »welche den Gedanken hätte ertragen können, dass mit dem Tode alles zu Ende sei.« Ich bewundere das europäische Kino, ich liebe aber das amerikanische Kino. Europäische Spielfilme suggerieren: Das Leben ist schwierig, und wir müssen irgendwie klarkommen. Hollywood-Filme versprechen: Das Leben ist schwierig, aber irgendwann wird alles gut. Ich glaube, die Wahrheit liegt im Kitsch. Ich glaube, Hollywood-Filme sind unter anderem deshalb so erfolgreich, weil uns unser angeborener Himmelsinstinkt nicht trügt. »Das menschliche Wesen ist das einzige Säugetier, das an die Zukunft denkt«, schreibt der Harvard-Professor Daniel Gilbert, »unsere Gehirne sind konstruiert, um an das Nächste zu denken.« Mensch sein heißt Zukunft haben und sich immerfort Zukunft wünschen. In Thomas Manns tragischer Novelle vom »kleinen Herrn Friedemann« verehrt ein Krüppel eine schöne Frau, die ihn abweist. Der Verschmähte begreift, dass seine Wünsche sich nie erfüllen werden und wenn doch, dann wäre mit der »Erfüllung das Beste vorbei«. Also tötet er sich. Wer auf den

100

Himmel hofft, glaubt, dass seine Sehnsüchte nicht ins Leere gehen, sondern ein Versprechen auf ihre Realisierung bereits in sich tragen. »Die Schönheit verweilt nicht, sie besucht uns nur«, schreibt John O'Donohue, »wahre Schönheit kommt von anderswo, ist nur ein Geschenk.« Irgendwann besuchen wir die Schönheit und bleiben für immer. »Diese Welt ist nicht der Abschluss«, dichtete Emily Dickinson, »jenseits ein Etwas steht / Unsichtbar wie Musik / Doch wirklich wie der Ton.«

Der einzige Mensch, der die Todesmauer in beide Richtungen durchbrochen hat, ist Jesus Christus. Seine Auferstehung, von hunderten Zeitzeugen verifiziert, ist das christliche Kerndogma, ein Akt nicht nur göttlicher Größe, sondern auch Gnade: Er überlässt uns nicht unseren Wunschfantasien, speist uns nicht mit Mythen ab, sondern liefert uns ein glaubhaftes Indiz. Über Theologen, die das leere Grab leugnen, brauche ich nicht den Stab brechen, das überlasse ich Paulus. Wenn Jesus nicht leibhaftig auferstanden ist, so der Apostel, dann ist der Glaube »vergeblich«, dann sind Christen »noch in ihren Sünden« und »die Elendsten unter allen Menschen«. Wer das leere Grab leugnet, ist kein Christ, sondern bestenfalls Anhänger einer pseudo-christlichen Sekte.

Jesus war ein Jenseitsvertröster. Rund ein Fünftel seiner überlieferten Worte befassen sich mit der künftigen Welt. »Freut euch, dass eure Namen im Himmel geschrieben sind«, rief er seinen Jüngern zu. Ich kann mich nicht erinnern, wann mir das zuletzt jemand zugerufen hat. »Und das ewige Leben, Amen«, rezitieren Pfarrer allwöchentlich das Glaubensbekenntnis, die Tonlage unnatürlich tief, dabei sollten sich die Stimmen an dieser Stelle zu einem Juchzen emporschwingen.

Wenn ich den Aposteln etwas übel nehme, dann, dass sie Jesus nicht mehr gelöchert haben mit der Frage: »Und – wie ist es da oben so?« Wie soll man sich den Himmel also vorstellen? Zunächst einmal als größtmöglichen Gegensatz zum Nirwana (dt.: Erlöschen, Ausgehen), als höchste Steigerungsform diesseitigen Glücks. »Es muss eine große unaussprechliche Freude sein nach diesem Leben«, kalkulierte Luther, »weil Gott seinen Sohn daran gewagt hat.« Paulus war überzeugt, »dass dieser Zeit Leiden nicht ins Gewicht fallen gegenüber der Herrlichkeit«. Der Himmel existiert nicht nur jenseits von Raum und Zeit, sondern übersteigt logischerweise auch unsere Vorstellungskraft. Die Bibel macht nur so viel klar: Unsere Identitäten bleiben erhalten, es wird ein Wiedersehen mit Verstorbenen geben, vor allem aber werden wir unserer ersten und größten Liebe gegenübertreten: Gott. »Das armseligste Wesen sieht, was die tiefgründigsten und bestinformierten Geistesgrößen niemals aus sich selbst zu begreifen vermögen«, schrieb Julien Green kurz vor seinem Tod in sein Tagebuch, »ist der wichtigste Augenblick im Leben eines Menschen nicht genau dieser?« Ansonsten empfiehlt es sich bei Himmelsmeditationen, sich einfach die Welt, in der wir leben, vorzustellen und alle Deformation, alle Not, alle Bosheit zu substrahieren. Mein Lieblingsmonolog in der Theatergeschichte stammt aus der Feder eines Agnostikers. In »Onkel Wanja« lässt Tschechow die vom Leben und von der Liebe enttäuschte Sonja sich in die letzte ihr verbliebene Hoffnung flüchten: »Wenn unsere Stunde kommt, dann werden wir gehorsam sterben und dort, jenseits des Grabes, werden wir sagen, dass wir gelitten haben, dass wir geweint haben, dass uns bitter zumute war, und Gott wird sich erbarmen über uns, und wir beide, du und ich, Onkel, lieber Onkel, werden ein lichtes, schönes, herrliches Leben erblicken, wir werden frohlocken und auf unser jetziges Unglück mit Rührung zurückblicken, mit einem Lächeln, und werden ausruhen. Wir werden ausruhen! Wir werden die Engel hören, den Himmel sehen, ganz in Diamanten, wir werden erkennen, wie alles Böse auf Erden, alle unsere Leiden in der Barmherzigkeit vergehen, die die ganze Welt erfüllen wird, und unser Leben wird still werden, süß und sanft wie ein Streicheln. Ich glaube, glaube.« Als Regieanweisung fügte Tschechow hinzu: »Sie wischt sich mit einem Tuch die Tränen ab.« Das erinnert an einen der letzten Verse in der Bibel. Am Ende der Johannesapokalypse werden Tränen abgewischt. Aber das Taschentuch hält Gott in der Hand.

Die Frage, wer am Jüngsten Tag »drin« ist und wer »draußen«, gehört zu den am heftigsten debattierten in der Kirchengeschichte. Jesus verspricht allen, »die an ihn glauben«, das ewige Leben. Für sie gilt, dass Gott sie »fest erhält bis ans Ende« (1. Korintherbrief), dass Gott sie »versiegelt mit dem Heiligen Geist« (Epheserbrief), dass Gott sie »durch den Glauben bewahrt zur Seligkeit« (1. Petrusbrief). Im Himmel sind alle Plätze gratis; doch um vorherige Reservierung wird gebeten.

Auch Casanova war überzeugt, dass er nach seinem Tod »drin« sein würde. »Mein ganzes Leben lang nahm mich das Laster völlig gefangen«, gab er zwar zu, dennoch glaubte er sich »mit allen für einen Christen nötigen geistlichen Pässen versehen und wohl ausgerüstet, um nach diesem irdischen Leben in die Schar der ewig Glückseligen einzugehen«. Ich habe Christen getroffen, die mir versicherten, auch Hitler käme durch die himmlische Einlasskontrolle. Warum auch nicht, Gott ist doch die Liebe, oder? Jesus selbst war da sehr viel restriktiver, nicht mal an die nominellen Christen wollte er Freipässe verteilen: »Es werden nicht alle, die zu mir sagen ›Herr, Herr!‹ in das Himmelreich kommen.«

Wer vom Himmel redet, der kann von der Hölle nicht schweigen, auch wenn wir uns dagegen sträuben, auch wenn die Idee einer ewigen Verdammnis unsere Vorstellung von einem liebenden Gott konterkariert. Aus Sicht von Bertrand Russell hatte Jesus ein »schwerwiegendes moralisches Defizit«, nämlich, »dass er an die Hölle glaubte«. Tatsächlich: Von Jesus sind mehr Ausführungen über die Verdammnis als über das Paradies überliefert. Er warnte »vor dem, der Leib und Seele verderben kann in der Hölle« – und meinte damit nicht den Teufel, sondern Gott – »wo ihr Wurm nicht stirbt und das Feuer nicht verlöscht«. Dabei passte sich Jesus nicht einfach den damals gängigen Transzendenzvorstellungen an. Die Priester, die sich aus dem theologischen Lager der Sadduzäer rekrutierten, glaubten nicht an ein Leben nach dem Tod, die antiken Philosophen ohnehin nicht. »Es findet sich kein altes Weiblein mehr, das so töricht wäre, daran zu glauben«, spottete Cicero. Dagegen warnte Jesus, dass alle Menschen »Rechenschaft geben müssen am Tage des Gerichts«. Er predigte, dass der Boulevard nach unten führt und nur ein schmaler Schleichweg himmelwärts.

104

Auch die Apostel schreckten nicht vor Panikmache zurück: Paulus drohte denjenigen, die Gottes Gnadenangebot ausschlugen, »das ewige Verderben« an. »Schrecklich ist's, in die Hände des lebendigen Gottes zu fallen«, beschwor der Autor des Hebräerbriefs seine Leser. »Und wenn jemand nicht gefunden wurde geschrieben in dem Buch des Lebens«, berichtete Johannes von seiner apokalyptischen Schau, »der wurde geworfen in den feurigen Pfuhl«. Augustinus, Thomas von Aquin, Thomas von Kempen, Luther, Calvin, Pascal – sie alle gingen von der Existenz einer Hölle aus.

Die unter evangelistischen Gesichtspunkten effektivste Predigt der neuzeitlichen Kirchengeschichte handelte von der Hölle. Am 8. Juli 1741 las der Harvard-Professor Jonathan Edwards im neuenglischen Enfield aus einem Manuskript vor, das später den Titel »Sünder in der Hand eines zornigen Gottes« bekam: »Es gibt nichts, was uns böse Menschen zu jeder Sekunde vor dem Abgrund der Hölle bewahrt als die schiere Güte Gottes«, drohte Edwards, »der Schacht ist bereitet, das Feuer ist entzündet, die Kohlen sind glühend heiß, die Flammen lodern, jetzt öffnet der Schacht seinen Schlund.« Die Predigt löste die so genannte »Große Erweckung« aus.

Auch wir sollten senkrecht im Bett stehen, wenn uns bewusst wird, das Jesus und die Kirchenväter nicht nur aus motivationstechnischem Kalkül von einer Hölle sprachen. Sondern weil es sie gibt. Die biblischen Details sind nicht ganz eindeutig, mal ist es in der Hölle dunkel, mal feurig, im Urtext steht meistens »Gehenna«, ein Begriff, der sich auf das berüchtigte »Tal des Hinnom« bezieht. Dort waren früher Kinder geopfert worden, später wurde daraus eine Müllhalde. Die Hölle, eine ewig vor sich hin köchelnde Deponie für verlorene Seelen. Selbst unter konservativen Christen gibt es viele, die gerne den Hitzeschalter herunterdrehen würden. Die »Annihilationisten« argumentieren, dass Leben und Personalität per se göttlich sind, dass es in der absoluten Gottesferne folglich keine persönliche Existenz mehr geben kann; alles löst sich auf in einem anonymen Sud. Die »Universalisten« gehen davon aus, dass letztlich alle Menschen erlöst werden. Ich finde beide Theorien äußerst sympathisch. Anhaltspunkte in der Bibel gibt es kaum.

Der Gedanke an eine Hölle ist uns deshalb so suspekt, weil uns eine ewige Strafe für zeitliche Sünden unverhältnismäßig erscheint. Selbst Attila den Hunnen und Idi Amin würden wir spätestens nach 150 Jahren aus dem Schwefelpfuhl herausholen. Gleichzeitig ist der Gedanke irgendwie tröstlich, dass keine Untat ungesühnt bleibt, keine heimliche Kinderschändung, kein von Militärparaden gefeierter Massenmord. In Woody Allens Film »Verbrechen und andere Kleinigkeiten« lässt ein Arzt seine lästige Geliebte umbringen. Zunächst plagt ihn die Angst vor Gottes Rache. Doch nichts passiert. Der Arzt entspannt sich, er findet zurück in sein altes Leben, er fühlt sich jetzt »vollkommen frei«. Die Bibel lehrt, dass er sich täuscht.

Ich gebe zu, auch mich verstört die Vorstellung zutiefst, dass meine atheistischen und agnostischen Bekannten einmal durch den Eingang gehen sollen, über den Dante die Aufschrift gesetzt hat: »Ihr, die ihr eintretet, lasst alle Hoffnung fahren.« Ich will nicht daran denken, ich rede mir ein: Vielleicht stehen sie doch auf der Liste. Gott ist gerecht, Gott ist gut, er wird schon wissen! Offen gesagt, habe ich nicht nur eine Höllen-Angst sondern eine Höllengedanken-Angst. Ich hasse physische Qualen. Ich kann mir nichts Schrecklicheres vorstellen als eine stundenlange Wurzelbehandlung ohne Betäubung. Ewige Schmerzen und kein Aspirin, das wäre ... die Hölle. »Wenn die Leute wirklich an die Existenz einer Hölle glauben würden«, überlegte der US-Theologe Martin Marty, »würden sie sich keine Basketballspiele angucken, nicht einmal TV-Predigten, sie würden auf die Straße gehen und Leute retten.«

Christen dürfen, wo es angebracht ist und in homöopathischen Dosen, durchaus Höllenangst verbreiten. Aber sie brauchen selbst keine haben. »Es gibt keine Verdammnis für die, die in Jesus Christus sind«, stellt Paulus klar. Am Ende seines Lebens schreibt er: »Ich habe den guten Kampf gekämpft, ich habe den Lauf vollendet, ich habe Glauben gehalten; hinfort liegt für mich bereit die Krone der Gerechtigkeit.« Unser Weg führt ins Paradies, die Brücken, die in die andere Richtung führen, sind abgebrochen. »Christen haben die besten beider Welten«, schrieb C. S. Lewis, »wir freuen uns immer, wenn diese Welt uns an die künftige Welt erinnert, und wir haben Trost, wenn sie es nicht tut.«

4.0 **Leben:** Die Technik der Liebe

Man soll eigentlich aufhören, wenn es am Schönsten ist. Deshalb müsste jetzt das Schlusswort kommen. Es ist eine Sache, Gründe und Ziele zu beschreiben, eine andere, sich die alltäglichen Konsequenzen deutlich zu machen. »Ich leide seit langem unter dem Missverhältnis zwischen meinem Leben und meinem Glauben«, schrieb der alte Graf Tolstoi in sein Tagebuch. Er wollte die Bergpredigt buchstabengetreu umsetzen, machte aber der eigenen Ehefrau das Leben zur Hölle. Vielleicht ein extremes Beispiel dafür, dass Gottes Anspruch und unsere Wirklichkeit auseinanderklaffen. Es hat aber nichts mit falschem Ehrgeiz zu tun, wenn Christen versuchen, die Lücke kleiner zu machen.

In einem »Handbuch der spirituellen Disziplinen« sind 62 fromme Übungen aufgezählt. Ein anderes Buch nennt »116 Arten, die Welt zu einem bessern Platz zu machen«. Eine der schönsten Aufzählungen der wichtigen Lebens- und Liebestechniken stammt von dem Journalisten Matthias Claudius, zusammengefasst in einem Brief an seinen Sohn. Ich habe daraus meine persönliche »Top 10« zusammengestellt: »Bleibe der Religion deiner Väter treu und hasse die theologischen Kannengießer.« – »Denke oft an heilige Dinge.« – »Sitze nicht, wo die Spötter sitzen.« – »Wo Geräusch auf der Straße ist, da gehe vorbei.« – »Hänge dich an keine Großen.« – »Scheue niemand so sehr wie dich selbst.« – »Tu keinem Mädchen Leid an.« – »Habe immer etwas Gutes im Sinn.« – »Denke täglich nach über Tod und Leben.«

»Gehe nicht aus der Welt, ohne deine Liebe und Ehrfurcht für den Stifter des Christentums durch irgendetwas öffentlich bezeugt zu haben.«

Matthias Claudius hatte begriffen, dass gute Gewohnheiten sich nicht von selbst einstellen, sondern trainiert werden müssen, dass sich die Glaubenspraxis nicht einfach in unser Leben integriert, sondern über viele Jahre mit vielen Rückschlägen erlernt werden muss. »Übe dich in der Frömmigkeit«, riet Paulus seinem geistlichen Ziehsohn Timotheus. Es gibt für Christen keinen verbindlichen Diät- und Trainingsplan, aber allgemeine Tipps, die sich in vier Bereiche unterteilen lassen:

- Seele: Wie komme ich Gott näher?
- Körper: ... Und stehe mir dabei nicht selbst im Weg?
- Kirche: Ohne Teamplay gibt's kein ...
- Welt: ... Fairplay.

Im beruflichen Alltag entscheidet über Erfolg und Misserfolg in erster Linie nicht die Begabung, sondern die Hartnäckigkeit, der lange Atem. Nicht der, dem »es zufällt«, setzt sich durch, sondern der, der »dranbleibt«. Wer am weitesten geht, kommt auch am weitesten. Der langjährige Leiter des Elite-Internats Schloss Salem, Bernhard Bueb, hält Disziplin daher für das »Tor zum Glück«, die angemessene Furcht vor Autoritätspersonen für eine sinnvolle Motivationsstütze. »Wer seinen Vater nicht auch fürchtet, traut ihm auch nicht zu, dass er vor den bösen Mächten der Welt schützen kann.« Der amerikanische Theologe Eugene Peterson beschreibt das christliche Leben als einen »langen Gehorsam in dieselbe Richtung«. Christen leben und lieben nicht spektakulärer, dafür beharrlicher.

Es gibt den ängstlichen Beziehungstyp, genauso den ängstlichen Glaubenstyp: Christen, deren geistliches Leben von Angst dominiert wird: Angst einerseits davor, ihren Glaubenshalt zu verlieren, andererseits davor, ihre eigene Identität aufzugeben. Sie reklamieren trotzig Autonomie, klammern sich gleichzeitig mit kindischem Eifer an das Bild eines gutmütigen Weltenlenkers, der nur belohnen, aber nicht strafen kann. Solche Christen zucken zusammen, wenn man an ihren Willen appelliert, wenn man sie mit der Herausforderung der Freiheit konfrontiert. Dabei sind Christen zwar nicht für ihre Erlösung zuständig, aber für ihre seelische Entwicklung durchaus mitverantwortlich. Das ist keine Last, im Gegenteil. Wer frei ist, wer entscheiden kann, ist glücklicher.

4.1 Seelentraining: Verliebt in einen Unsichtbaren

Wer in Buchläden die Regale mit den Psychoratgebern abschreitet, merkt: Menschen sehnen sich nach Stimmigkeit. Sie wollen im Einklang mit sich selbst und ihrer Umwelt existieren, innere und äußere Spannungen abbauen. Christen sehnen sich nach Stimmigkeit mit Gott. Sie wollen sich mit ihm synchron schalten. »Nähert euch Gott, so nähert er sich euch«, empfiehlt Petrus. »Unruhig ist unser Herz, bis es ruht in Gott«, schreibt Augustinus. »Ich liege und schlafe ganz in Frieden, denn allein du, Herr, hilfst mir, dass ich sicher wohne«, dichtet der Psalmist. Wenn ich bei christlichen Veranstaltungen als Redner auftrete, spüre ich, dass die Besucher vor allem eins von mir hören wollen: dass ich Gott begegnet bin, dass er da ist, dass er stark ist. »Ist der Geist über dich gekommen?« fragt Van Morrison, der skeptische Ire, in einem Song, »bist du geheilt worden?« Gottes Gegenwart spüren, das ist die große Sehnsucht von Christen, aber auch von vielen religiös Unentschiedenen. »Ab und zu gehe ich in die Kirche, aber ich komme immer genauso heraus, wie ich hineingegangen bin: mit dem Gefühl, dort am falschen Ort zu sein, wenn ich einen Gott finden will, an den ich glauben kann«, bekennt die »Brigitte«-Kolumnistin Julia Karnick, die sich fragt: »Wie soll ich mich auf jemanden einlassen, von dem ich nicht sicher weiß, dass es ihn gibt?«

Unsere Beziehung zu Gott läuft unter einer Überschrift, die zu einem zweitklassigen Hollywood-Film passen würde: »Verliebt in einen Unsichtbaren.« Wie richte ich mich auf jemanden aus, der überall ist und nirgendwo? Die Liebe, das wissen wir aus zwischenmenschlichen Beziehungen, ist permanent von Entropie bedroht. Sich selbst überlassen, ohne frische Infusion von Energie, Zeit, Kreativität, löst sie sich auf. Wir fragen uns oft: Was investiert Gott? Kommt er uns entgegen oder bewegen wir uns mit unseren spirituellen Bemühungen auf einer Einbahnstraße oder, noch schlimmer, in einer Sackgasse?

Von älteren Christen weiß ich, dass Gott seinen Geschöpfen vor allem da begegnet, wo sie eigentlich nicht sein wollen: in der Stille und in der Krise. Bernhard von Clairvaux nennt drei Stufen der Gottesliebe. Auf der ersten Stufe liebt der Mensch Gott aus egoistischen Gründen. Auf der zweiten Stufe liebt der Mensch Gott, weil es eine Freude ist, ihn zu lieben. Auf der dritten Stufe liebt der Mensch Gott und sich selbst nur noch um Gottes willen. Dabei handelt es sich um alles andere als eine Selbstaufgabe. »Je heftiger einer liebt«, beobachtete Erasmus von Rotterdam, »um so weniger lebt er in sich, sondern in dem, was er liebt, und je weiter er sich von sich selbst entfernt und in den anderen übergeht, umso größeres Glück genießt er.«

Ich befinde mich, wie die meisten Christen, irgendwo zwischen Stufe eins und zwei der Gottesliebe. Ich habe keine Ahnung, wie weit ich es nach oben schaffe, ist auch nicht so wichtig, jeder Zentimeter Höhengewinn wäre schön.

Die Bibel. Ich höre

Ich frage mich selbst, warum ich mir so viel unnützes Zeitungswissen aneigne, wenn ich aus vielen Interviews mit frommen Veteranen doch weiß: Vor allem Bibellesen bildet. »Es ist ein groß Ding: das Wort haben und ein Stück Brot«, wusste Luther. Paulus gab den Kolossern den Allzwecktipp: »Lasst das Wort Christi reichlich unter euch wohnen.« Der Vorsitzende der katholischen Bischofskonferenz, Kardinal Lehmann, bemerkt: »Wenn ich noch ein zweites Leben als Theologe hätte, dann würde ich vieles über Bord werfen an breiter, umfangreicher Gelehrsamkeit und viel intensiver über Gott nachdenken.« Nachdenken alleine hilft allerdings nicht, noch wichtiger ist das Nachlesen in der Bibel. Für Karl Barth zählten »nicht die rechten Menschengedanken über Gott, sondern die rechten Gottesgedanken über den Menschen«.

Zugegeben, wenn ich das Lektorat der Bibel übernommen hätte, dann wäre die Heilige Schrift anders geschrieben und gegliedert worden. Ich hätte einen Glaubensformelkatalog herausgegeben, sauber strukturiert, das Wichtigste vorneweg, die Details im Anmerkungsapparat. Bei un- und missverständlichen Passagen hätte ich zum Rotstift gegriffen. Ich hätte ein Buch wie den Koran auf den Markt gebracht, mit lauter Lösungen und keinen logischen Rätseln wie dem, dass Jesus gleichzeitig als normaler Mensch und als vollkommener Gott durchs Leben ging. Die Bibel ist eben das ganz andere Buch. Gott bietet uns darin keine Glücksrezepte, er erzählt uns Geschichten, in denen er anderen Menschen begegnet, Geschichten, die sich am Ende zu einem mehrtausendjährigen Epos verdichten. Der rote Faden beginnt bei Gott und endet bei uns.

Dabei ist nicht entscheidend, was wir aus dem Text herauslesen. Entscheidend ist vielmehr, wie wir an den Text herangehen: Ob wir ihn als Gottes Wort akzeptieren oder nicht. Wenn ja, verändert das unsere Haltung: Wir suchen dann nicht mehr primär nach Antworten, wir lassen uns selbst in Frage stellen; wir erwarten nicht, dass die biblische Botschaft sich geschmeidig in unser Leben einpasst, wir versuchen vielmehr, uns an Gottes Erwartungen zu orientieren.

Weil die Bibel nicht nur unsere Aufmerksamkeit beansprucht, sondern auch noch unseren Gehorsam, wollen wir es natürlich genau wissen: Ist die Heilige Schrift wirklich heilig? Warum hat Gott nicht noch eine Interpretationshilfe mitgeliefert, warum steht er für Rückfragen nicht zur Verfügung? Gott – nach Diktat verreist? Auch nach der Lektüre vieler theologischer Kommentare weiß ich immer noch nicht genau: Welche biblischen Erzählungen sind Fakt, welche Allegorie? Welche Zahlen sind großzügig aufgerundet, welche penibel kalkuliert? Wo spricht Gott selbst, wo lässt er nur chauvinistische Potentaten zu Wort kommen? Ich würde mir wünschen, dass Gott bei der Niederschrift nicht eine bunte Truppe freier Mitarbeiter beschäftigt, sondern das fertige Buch gleich vom Himmel geworfen hätte. Und ich würde mir wünschen, dass Gott in regelmäßigen Abständen eine komplett überarbeitete Neuauflage der Bibel auf den Markt brächte, statt am Redaktionsschluss in der Antike unnachgiebig festzuhalten. Wenn ich danach gefragt werde, ob ich an die Irrtumslosigkeit der Bibel glaube, antworte ich wie Radio Eriwan mit: Im Prinzip, ja. – Die Bibel lügt nicht, aber sie menschelt.

Wer die Bibel lesen will, braucht kein Theologiestudium. Allerdings hat man bei manchen Texten, vor allem den prophetischen Büchern im Alten Testament, besser einen Kommentar griffbereit. Autodiktaten wie ich brauchen manchmal die Hilfe ausgebildeter Exegeten, allerdings nur solcher, die nicht besserwisserisch oder argwöhnisch an den Text herangegangen sind, sondern liebevoll und mit heiligen Absichten. Sie haben sich Mühe gegeben, das Wort Gottes im Sinne des Herausgebers zu übersetzen und zu kommentieren.

Bibellesen, das bedeutet: sein Langzeitgedächtnis einzuschalten. Wir lernen, was Gott in der Vergangenheit getan hat: erst für die Israeliten, dann für uns. »Halt im Gedächtnis Jesus Christus, der auferstanden ist von den Toten«, schärft uns Paulus ein.

»Lass das Buch dieses Gesetzes nicht von deinem Mund kommen«, heißt es im Buch Josua. »Iss dieses Buch!« hat deshalb Eugene Peterson seine Abhandlung über die »Kunst des spirituellen Lesens« genannt. Sein Ratschlag: Wir sollen die biblischen Texte regelrecht in uns aufnehmen, verseweise, kapitelweise, uns zwischendurch zurücklehnen und darüber nachdenken, dann weiterlesen, schließlich die Brücke vom Text zum Alltag schlagen. Ich selbst mache beim Bibellesen ziemlich kleine Bissen. 15 bis 20 Minuten täglich, meistens vor der Arbeit. Früher habe ich meinen Gedächtnisspeicher mit ganzen Bibelpassagen aufgeladen, das ist jetzt vorbei, leider. Ich kann Bibelverse von meinem Handy aus abrufen, aber ich habe Schwierigkeiten, sie auswendig zu lernen.

Wer die Bibel von Genesis bis Offenbarung durchlesen will, verliert erfahrungsgemäß spätestens beim dritten Buch, Leviticus, die Lust. Neueinsteigern schlage ich vor, sich von der Schwarzbrottheke in die Feinschmeckerabteilung vorzutasten, von den Klassikern, die man gelesen haben muss, bis zu den Insider-Kultbüchern. Am besten fängt man mit den Evangelien an, den Jesus-Reports. Die Autoren ergänzen sich wie die Mitglieder einer Rock-Band. Der bündige Markus liefert die Basslinie; der lehrerhafte Matthäus den Beat; der erzählfreudige Lukas die Lead-Gitarre und der visionäre Johannes den Gesang. Dann kann man zurück zum Anfang blättern: zu Schöpfungsprolog, Sündenfall, Sintflut. Im Alten Testament konzentriert man sich ansonsten am besten auf die Psalmen und auf die narrativen Highlights, die ich nur in Stichworten andeuten kann, so viele gibt es davon: der Turmbau von Babel, die Vernichtung Sodoms, der Fall Jerichos, die Geschichten von Josephs buntem Rock, Potiphars Frau, den sieben fetten und mageren Kühen, den zehn Plagen und Zehn Geboten, vom Goldenen Kalb und der Ehernen Schlange, von Bileams Esel, Gideons Vlies, Jephtahs Tochter, Simson und Delilah, Ruth und Boas, David und Goliath, Salomo und der Königin von Saba, Absaloms Haaren, Nabots Weinberg, Elias Feuerwagen, Naemanns Aussatz, Esther und Hamann, Nebukadnezars Feuerofen, Daniel in der Löwengrube, Belzazars Gastmahl. Dann zu den wichtigsten Paulusbriefen: Römer, 1. Korinther, Epheser, Philipper, Kolosser. Die sieben Siegel des Offenbarungsbuchs öffnet man am besten an einem Novemberabend, dann kommt das apokalyptische Gewitter besser

116

zur Geltung. Und wer schon ganz weit fortgeschritten ist, traut sich an die ungekürzte Fassung von Jesaja, Jeremia und Hesekiel heran.

Das Gebet. Ich antworte

Wenn die Bibel so etwas wie Gottes Kontaktanzeige an uns ist, dann ist damit sein fast flehender Appell verknüpft: Ruft! Mich! An! »Gefestigte Menschen« will der Journalist Ulf Poschardt daran erkennen, »dass sie auch in Abwesenheit anderer Gabel und Messer benutzen«. Gefestigte Christen erkennt man daran, dass sie auch und gerade in Abwesenheit anderer Christen das Gespräch mit Gott suchen. Genau wie die Erotik in der Ehe von kleinen Alltagsgesten getragen wird, so hängt die Qualität unserer Beziehung zu Gott von der alltäglichen Konversation ab. Ich habe Freunde, die eine Stunde am Tag beten. Luther brauchte drei Stunden.

»Meine Seele ist stille zu Gott, der mir hilft«, schreibt der Psalmist, »durch Stillesein und Hoffen würdet ihr stark sein«, rät der Prophet Jesaja. Bevor ich anfange zu reden, muss ich erst einmal schweigen, Raum für Gott schaffen. Dann mache ich mir klar, dass ich kein Opfer bringe à la: Opa freut sich, wenn du dich mit ihm unterhältst. Gebet ist keine Pflicht, sondern ein Privileg. Ich versenke mich nicht in mich selbst, ich sende auch keine Morsezeichen hinaus ins dunkle All, ich trete an den Thron Gottes heran und setze mich auf den Schoß des Allmächtigen.

Die amerikanische Autorin Anne Lamott sortiert ihre Gebete in zwei Kategorien ein: »Danke, Danke, Danke!«

Und: »Hilf mir, hilf mir, hilf mir!« Ich habe meine Gebete analysiert und bin auf fünf Kategorien gekommen:

- Danken. Nur auf der Grundlage eines dankbaren Herzens können wir überhaupt mit Gott reden. Wir danken Gott, dass er uns geschaffen hat, dass er uns täglich erhält, dass er uns liebt.
- Loben. Uns erscheint es manchmal kurios, dass Gott von uns hören will, wie toll er ist. Doch wenn wir bekennen, dass er das Alpha und Omega allen Seins und Tuns ist, formulieren wir nicht das Offensichtliche, sondern richten uns täglich neu auf ihn aus. »Loben«, so ein frommes Sprichwort, »zieht nach oben«.
- Bekennen. »Begleiche deine offenen Rechnungen mit Gott sofort«, habe ich von einem Prediger gelernt. Beichten zermürbt nicht, sondern baut auf, weil ich meine Schuld am Kreuz deponieren kann. Zerknirschung vor Gott zum Ausdruck bringen, ist nicht bitter, sondern befreiend. Ein paar Monate vor ihrem Tod notierte Sophie Scholl das folgende Gebet: »Mein Gott, ich bitte dich, nimm meinen leichten Sinn und meinen eigensüchtigen Willen, der an den verderblichen Dingen hängenbleiben will, von mir, ich vermag es nicht, ich bin viel zu schwach.«
- Klagen. Die Psalmen sind zwar ohne Notenpartituren überliefert, aber dem Inhalt nach zu urteilen, müssten die meisten in der Tonart Moll komponiert sein. Zwei Drittel aller Psalmverse fallen in die Kategorien »Klagelieder«. Wir müssen vor Gott unser Leben nicht schönreden, wir dürfen jammern.
- Bitten. Die Kategorie, zu der mir mit Abstand am meisten einfällt. »Rufe mich an in der Not«, heißt es in

einem Psalm und ich mache davon reichlich Gebrauch, auch ohne Not. Gott möchte gebeten werden, sogar mit nervender Penetranz, das hat auch Jesus gelehrt. Es ist dabei eine gute Übung, zuerst für die Bedürfnisse der Mitmenschen zu beten, dann für die eigenen. Wenn uns keine konkreten Anliegen einfallen, können wir mit Gott einfach den bevorstehenden Tag besprechen. Aber Vorsicht, Änderung der Tagesordnung nicht ausgeschlossen! »Weißt du, wie du Gott zum Lachen bringen kannst?«, fragt Pascal. »Erzähl ihm deine Pläne.«

Manchmal kommen wir uns beim Beten freilich vor, als würden wir aus einem Funkloch senden oder auf einen Anrufbeantworter sprechen. Hört Gott ihn ab? Was kann Gebet überhaupt ändern, wenn Gott unveränderbar ist? C. S. Lewis nannte zwei Arten, durch die wir Ereignisse hervorrufen können: »Arbeit und Gebet.« Andererseits haben Christen, auch wenn sie regelmäßig um Gesundheit beten, keine nachweislich längere Lebenserwartung. Experten zufolge kommen unter 1000 Krebsheilungen nur zwei vor, die man als eindeutige Wunder qualifizieren könnte; in der Statistik steht nicht, ob die betreffenden Patienten vorher für Heilung gebetet hatten.

Kierkegaard ist davon ausgegangen, dass wir mit unseren Gebeten nicht Gott ändern, sondern uns selbst. Ein schwacher Trost für den, der auf der Krebsstation liegt. Tatsächlich weiß ich nicht nur aus der Bibel und aus der Kirchengeschichte, sondern auch aus meinem eigenen Leben, dass Gott Gebete erhört. Ich habe ein rundes Jahr meines Lebens in Hautkliniken zugebracht, unter »Juckis« und »Schuppis«, wie wir Patienten uns gegenseitig titulierten. Zwanzig Jahre habe ich dafür gebetet, dass ich irgendwann keine Mullbinden mehr um meine zerkratzten Hände wickeln muss, mir nicht mehr Teer und Zink um Hals und Gesicht schmieren, dass die Ekzemschübe zurückgehen, vielleicht ganz verschwinden. Als ich meinen Wunsch längst nur noch im Autopilot vortrug, besserte sich die Neurodermitis plötzlich. Inzwischen bin ich geheilt und Gott unendlich dankbar. Mit dem Bewusstsein, dass Gott unser Bestes will, dürfen wir ihm mit der Hartnäckigkeit eines Drückerverkäufers in den Ohren liegen.

Was mich am Beten besonders fasziniert ist, dass es sich nicht um ein Solo-Projekt handelt, sondern eine Simultan-Aktion. In diesem Moment beten überall auf der Welt Millionen von Christen, ein paar darunter vielleicht sogar für mich. Ich bin ein gesegneter Mensch, ich habe Freunde und Verwandte, die seit Jahren regelmäßig bei Gott für mich vorsprechen, geistliches Name-Dropping machen. Wer weiß, wie mein Leben verlaufen wäre, wenn ihr Gebet mich nicht mitgetragen hätte?

Es gibt das Gebet als zeitlich fixiertes Gespräch, aber auch als Lebenshaltung, als kontinuierliche Reflexion über und Konversation mit Gott. »Wenn ich mich zu Bette lege, so denke ich an dich, wenn ich wach liege, sinne ich über dich nach«, steht in einem Psalm. Paulus empfiehlt: »Seid allezeit fröhlich, betet ohne Unterlass, seid dankbar in allen Dingen.«

Die Gemeinschaft. Wir hören Gott zu und wir antworten

Meine ekklesiologischen Erörterungen kommen noch, aber soviel vorneweg: Die meisten Menschen können Gottesliebe am besten in der Gruppe erfahren und praktizieren. Wenn zwei, drei oder mehr Christen sich treffen, verspricht Jesus, dann ist Gott in ihrer Mitte. Pascal, selbst ein Mystiker, räumte ein, »dass die Liebe zur Einsamkeit und zum Schweigen nicht allen Frommen gemein ist«. Zu den schönsten Momenten gehört für mich die Begegnung mit Menschen, bei denen der Name »Jesus« ein spontanes, sogenanntes »zygomatisches« Lächeln auf das Gesicht zaubert. Vor allem Menschen, die erst vor kurzem Christ geworden sind, verbreiten eine ansteckende Fröhlichkeit. »Gott behandelt neue Christen mit einer besonderen Art von Zärtlichkeit«, beobachtete C. S. Lewis, »wie Eltern, die in ihr Neugeborenes vernarrt sind.« Der gemeinsam erlebte Glaube bindet an Gott und aneinander. Man geht anders mit Menschen um, mit denen man zusammen betet.

Das Leben. Gottesliebe in Action

Ich muss das Lob der Stille noch einmal relativieren. Der Trappistenmönch Thomas Merton erkannte: »Askese ist völlig unnütz, wenn sie uns zu komischen Käuzen macht.« Alleine in der Stille kann man keinen Charakter erwerben. Der bildet sich in der freien Wildbahn heraus, wenn sich die Gottesliebe im Alltag bewähren muss. Gott lieben heißt auch, Gehorsam lernen. »Je tiefer einer Christ geworden ist«, schrieb Romano Guardini, »desto wacher wird in ihm die Sorge um den Willen Gottes; das Bewusstsein, dass dieser Wille das Kostbarste ist und das Zarteste und das Gewaltigste in einem.«

4.2 Körperpflege: Satt und sauber

Nach jahrelangem Leerlauf schalten immer mehr Kirchen in den Vorwärtsgang. Pfarrer können wieder von Mission reden, ohne als Kreuzritter diffamiert zu werden. Zumindest Fußballkenner wissen allerdings: Angriff ist nicht immer die beste Verteidigung. Spiele, vor allem die wichtigen, werden in der Abwehr gewonnen. Hinten dicht, und vorne hilft der liebe Gott, pflegen Fans zu sagen. Im »Vater unser«-Gebet bitten wir Gott nicht, uns zum Guten zu führen, sondern uns vor dem Bösen zu bewahren.

Im selben Duktus empfiehlt Paulus seinem Schüler Titus, »dass wir absagen dem ungöttlichen Wesen und den weltlichen Begierden und besonnen, gerecht und fromm in dieser Welt leben«. Der intensivste Aerobic-Workout bringt nichts, wenn das Immunsystem kaputt ist. Und genau darin liegt heute das Problem: Es mangelt nicht an Visionen, dafür an Abwehrkräften. »Denn sie tun nicht, was sie wissen«, klagt der evangelikale US-Autor Ron Sider. Seine mit Statistiken unterfütterte Behauptung: Die Amerikaner, die sich als wiedergeboren bezeichnen, leben kaum weniger materialistisch als der Durchschnitt, spenden kaum mehr, lassen sich fast genauso häufig scheiden. Diesseits des Atlantiks, so fürchte ich, sieht es nicht viel besser aus.

Christen gehen nicht von einem Dualismus Seele – Körper aus. Geist hui, Materie pfui, das ist nicht, was die Bibel lehrt. Verhängnisvoll wird es freilich dann, wenn der Mensch das Sein über das Bewusstsein stellt, wenn er nicht seinen guten Anlagen, sondern nur seinen dumpfen Trieben folgt, wenn er sich zum Tier macht.

»Der Wille zur Selbstbeherrschung« war für Bernard von Clairvaux »die Vorbedingung, um bei Gott Erbarmen zu finden«. Wohlgemerkt: Nicht die Selbstbeherrschung an sich ist die Vorbedingung, sondern der *Wille* dazu. Es geht im Leben nicht ohne Scheuklappen, ohne Radiergummi, ohne Löschtaste. Der entscheidende Wendepunkt im Leben des Kirchenvaters Augustinus kam, als er ein Kind »tolle, lege«, nimm und lies, rufen hörte. Augustinus öffnete die Bibel. Der Vers, der ihm ins Auge stach, stand im Römerbrief: »Lasst uns ehrbar leben wie am Tage, nicht in Fressen und Saufen, nicht in Unzucht und Ausschweifung.« Augustinus wandte sich dem neuen Leben zu, um sich von seinem alten Leben abwenden zu können.

Unsere deutschen Vorfahren hatten, glaubt man Martin Luther, vor allem mit lukullischen Versuchungen zu kämpfen. Adelige warnte er vor dem »Missbrauch des Fressens und Saufens, durch den wir Deutsche, als einem besonderen Laster, keinen guten Ruf haben in fremden Ländern.« Im 21. Jahrhundert sehe ich zwei andere Bereiche, in denen wir Christen – genauso wie unsere säkularen Mitbürger – keine besonders guten Figuren abgeben: Geld und Sex. Besitz und Beziehungen, das waren schon zu biblischen Zeiten die großen Herausforderungen. Jesus warnte immer wieder vor den Gefahren des Reichtums, Paulus wetterte gegen Unzucht und sexuelle Unreinheit. Wer darin einen Gegensatz sieht, liegt allerdings völlig falsch. Jesus agierte in einem Umfeld, in dem strenge Gesetzesprediger das Sagen hatten. Paulus trat in verlotterten Metropolen wie der Hafenstadt Korinth auf, in denen alle Hemmungen gefallen waren. Kein Zweifel: die Welt, in der wir leben – Berlin, aber auch Esslingen, Cloppenburg und Haiger – hat mehr mit Korinth als mit dem galiläischen Kapernaum gemeinsam. In der Bibel gibt es kaum Menschen, die sich aus Enttäuschung von Gott abwenden. Dafür fallen reihenweise Begünstigte und Begüterte von Gott ab. Nicht Leid ist offenbar das größte geistliche Problem, sondern Luxus.

Geld

Ich will an dieser Stelle kein Lasterbrevier zusammenstellen. Ich schreibe nichts von Spielsucht, von Alkoholabhängigkeit, von Medikamentenmissbrauch, von chronischer Autoaggression, weil ich davon keine Ahnung habe. Von dem, was jetzt kommt, schon eher. Ich bin ein typisches Kind meiner Zeit. Gierig und lüstern.

In der Wirtschaftszeitschrift »Brandeins« habe ich ein Gedicht mit einer klugen Pointe gefunden: »Sagte das Geld: / Denk an mich / Sehne dich nach mir / Nimm mich./ Glaube an mich / Liebe mich / Verehre mich / Vermehre mich / Halt mich fest / Verlass mich nie / Schenk mir dein Herz / Denn ich habe keins.« Eigentlich sollte ich Gott jeden Morgen bitten, dass er mich nie im Lotto gewinnen lässt. Nicht nur, weil Lottogewinne erwiesenermaßen nicht glücklicher machen, sondern weil die Bibel lehrt, dass Reichtum teuer werden kann. »Besser wenig mit der Furcht des Herrn als ein großer Schatz, bei dem Unruhe ist«, warnte ausgerechnet der Krösus Salomo, der außerdem erkannt hatte: »Wer Geld liebt, wird vom Geld niemals satt.« Und Jesus lehrte: »Niemand lebt davon, dass er viele Güter hat.« Paulus lernte auf seinen vielen Reisen: »Die reich werden wollen, die fallen in Versuchung und Verstrickung und in viele törichte und schädliche Begierden.«

Mich selbst ficht Wohlstand nicht besonders an, denn ich verfüge über keinen nennenswerten (allerdings nur im nationalen Vergleich; ein Arbeiter in Tansania bekommt ein Hundertstel meiner Bezüge). Das einzige, was meine Brieftasche dick macht, sind die vielen Visitenkarten. Ich zahle Kirchensteuer, spende meinen Zehnten für wohltätige Zwecke. Eigentlich sollte ich mehr geben: Von jeder CD, die ich nicht kaufe, könnte ich ein Kind in Malawi einen Monat lang ernähren. Aber meine wirklich wunden Punkte, fürchte ich, liegen woanders. Wenn Geld, wie es in einem Aphorismus heißt, der Sex des alten Mannes ist, dann ist der Sex der jüngeren Männer (und Frauen): eben Sex. Die Raffgier ist ein sekundärer Trieb: Ich brauche Geld, um mir Dinge zu kaufen. Die Hormonschübe zielen hingegen auf direkte Befriedigung, ohne Umweg, oft ohne Rücksicht auf Konsequenzen.

Sex

»Ich habe noch keinen gesehen«, gab Konfuzius zu, »der moralischen Wert ebenso liebt, wie er die Frauenschönheit liebt.« Erotik ist schön, und Sex ist stark, stärker, als manchen gut tut. »Alles ist mir erlaubt«, beschreibt

Paulus das christliche Ur-Dilemma, »aber es soll mich nichts gefangen nehmen.«

Angeblich sind moderne Paare nicht sexuell aktiver als Eheleute im Wilhelminischen Zeitalter. Auf jeden Fall sind sie sexuell experimentierfreudiger. Wenn ich durch Zeitschriften blättere und mit Bekannten über deren Beziehungsleben rede, wird mir bewusst, dass wir uns im Prozess einer moralischen Kernschmelze befinden. Der Sex, das Lustzentrum von Ehe und Familie, wandert als Lustressource ab in den »Fit for Fun«-Bereich. Soziologen sprechen von »Neosexualität«, von »modellierbarem Sex«, vom »neuen Der Die Das«. Alles geht, sogar über die Schmerzgrenze hinaus, wenn die Partner es wollen: ob es einer, zwei oder mehr sind, Mann, Frau oder Zwitter. Dass die Bohème erotische Lockerungsübungen veranstaltet, ist nicht neu. Höllisch gefährlich wird es, wenn enthemmte Erotomanen die Standards für den Rest der Gesellschaft vorgeben, während Kirchenleute und Politiker sich allenfalls hinter vorgehaltener Hand räuspern. Deshalb, auch auf die Gefahr hin, als »Klemmi« verspottet zu werden, möchte ich meine Mitbürger darauf aufmerksam machen: Der deutsche Hosenstall steht unanständig weit offen.

Ein Westernhagen-Song, »Sexy«, gipfelt in dem Refrain: »Du bist die Waffe, für die es keinen Waffenschein gibt.« Die Urchristen setzten deshalb auf strenge Waffenkontrollen schon im Vorfeld: keine Schminke, keine Theaterbesuche, Sex nur zu Hause, nur zu zweit, nur unter Verheirateten. Während es die alten Römer wild trieben, übten sich die Christen in sexueller Disziplin. Gerade das machte die neue Religion in den Augen vieler

Außenstehender attraktiv. Kaum war das Abendland christlich geworden, lockerten sich die Sitten wieder. Der hochmittelalterliche Papst Innozenz III. klagte einmal, dass die Zügellosigkeit der Priester die der Laien übertreffe. Ein paar Jahrhunderte später stellte Casanova befriedigt fest: »Der Huren bedarf man in unserer glücklichen Epoche nicht, weil man so viel geneigte Willfährigkeit bei anständigen Frauen findet.« Die gute alte Zeit war demnach immer auch die geile alte Zeit. Der Unterschied zu heute liegt darin, dass es damals keine Pille gab und kaum Privatsphäre, ergo weniger Gelegenheit zum konsequenzfreien Koitus. Unberührt in die Hochzeitsnacht zu gehen war vielleicht dennoch nicht die Regel, aber immerhin ein erstrebenswertes Ziel.

Jungfräulichkeit jenseits der 25 ist dagegen heutzutage der Stoff, aus dem Slapstickfilme gemacht werden. Die Menschen kopulieren immer früher und heiraten immer später, wenn überhaupt. Ich habe bei meinem letzten Heimatbesuch die alten Kirchenbücher durchgeblättert. In manchen Jahren gab es über zwanzig, in manchen nur fünf Hochzeiten. Das einzige Jahr in den Jahrhunderte zurückreichenden Annalen der Dorfpfarreien Greifenstein und Edingen, in dem kein einziges Paar vor den Traualtar trat, ist – 2006. Der Wissenschaftsjournalist Bas Kast zählt in seinem Buch »Die Liebe und wie sich Leidenschaft erklärt« sechs Stufen der Eheanbahnung auf. Die vierte Stufe nennt er »Sex haben«, die fünfte »Sich fest binden«. Früher war die Reihenfolge umgekehrt, Sex war die Belohnung für die eingegangene Bindung. Verstand man im romantischen Zeitalter Liebe als Überwältigung des Egos, wird sie heute als Steigerung des Egos begriffen. »Guter Sex, trotz Liebe« heißt ein aktueller Bestseller. Erst kommt das Spiel, dann die Beziehungsarbeit. Kein Wunder, dass viele es gar nicht erst von der vierten auf die fünfte Stufe schaffen. Auf der Strecke bleibt vielfach nicht nur der Anstand, sondern auch das Glück. »Immer mehr junge Frauen langweilen sich, haben Sex und schreiben darüber«, macht die »Frankfurter Allgemeine Sonntagszeitung« einen neuen Literaturtrend aus: »Kein Sinn. Kein Zweck. Nur Traurigkeit. Nur der Wille, sich abzugeben an einen Mann.«

Wer auf sexuelle Missstände aufmerksam macht, wird als moralinsüchtiger Alarmist denunziert. Oft wird mir die Geschichte von Jesus und der Ehebrecherin entgegengehalten. Jesus nahm sie bekanntlich vor den Angriffen der Pharisäer in Schutz, rettete sie vor der Steinigung und entließ sie mit der Aufforderung: »Sündige hinfort nicht mehr.« Die Geschichte ist tatsächlich hochaktuell, nur haben sich die Rollen vertauscht. Die Sexsünder werfen auf die vermeintlichen Pharisäer mit verbalem Schmutz. Schlafzimmerschnüffelei gilt als unfein, vor allem in den evangelischen Landeskirchen. »Ich denke, es ist ein hohes Gut des Protestantismus, die Menschen zur eigenen Urteilsbildung und persönlichen Verantwortung aufzufordern«, schreibt der Moraltheologe Hartmut Kress, »wer seine partnerschaftliche Beziehung auf Liebe gründet, befindet sich in Gottes Nähe, egal ob homo- oder heterosexuell.« Nur: Wie sollen sich Christen ein Urteil bilden, wenn nicht auf der Grundlage der Bibel und der christlichen Tradition? Sogar in den an sich rigoristischen Freikirchen geht man allmählich zu einer »Frag nichts, sag nichts«-Haltung über. Ich kann mich erin-

129

nern, wie in den 80er-Jahren Prediger dazu aufriefen, Kassetten von Led Zeppelin und den Eagles rückwärts zu spielen, um verborgene satanische Botschaften aufzuspüren. Heute läuft softpornografischer Schweinskram offen auf allen Kanälen, aber kaum jemand regt sich auf.

Die meisten Kirchenverantwortlichen haben schlichtweg kapituliert. Was nicht von allen gelebt werden kann, so denken sie sich, das kann auch nicht für alle gelehrt werden. Wahre Liebe wartet vielleicht ein oder zwei Jahre, aber nicht zehn oder zwanzig, schon gar nicht für immer, falls der oder die Richtige nicht auftaucht. Dass die Bruchlandungen zwangsläufig zunehmen, wenn man die normativen Geländer abmontiert oder unsichtbar macht, wird vergessen. Vorrangig ist, dass sich niemand ausgegrenzt fühlt oder die Gemeinde wechselt. Aus der Furcht vor dem Herrn ist die Furcht vor dem Kirchenaustritt geworden. Die Versuchung, sich mit dem Status Quo zu arrangieren, kannten bereits unsere christlichen Vorfahren. Im 17. Jahrhundert schrieb Pascal seine »Briefe in die Provinz«. Darin attackierte er den moralischen Pragmatismus vieler Priester, die sich damit abgefunden hatten, dass Bauern mit ihren Mägden regelmäßig ins Heu gingen. »Wenn sie nur ein- bis zweimal im Monat sündigen, so darf man ihnen Absolution geben«, lautete die gängige Kompromisslinie. Immerhin wurde damals noch gebeichtet. Wer heutzutage in einer evangelischen Kirche über seine Sünden reden will, muss schon bei der Telefonseelsorge anrufen.

Wir Menschen sind eine spezielle Spezies: Wir können unseren Liebespartnern beim Sex in die Augen gucken und wir können ihnen lebenslang treu sein. Beim Sex vermischen sich nicht nur Körperflüssigkeiten, sondern vereinigen sich zwei Individuen. Die heterosexuelle Beziehung ist das von der Natur vorgegebene Ideal, die monogame heterosexuelle Beziehung ist das von der Kultur (immer noch) vorgegebene Ideal. Wir wissen, dass viel Energieaufwand nötig ist, um dieses Ideal zu leben. Warum setzen die Kirchen dann nicht alle Kraft daran, dabei zu helfen? Warum warnen sie nicht davor, Versuchungen nachzugeben? »Ihr wollt es doch auch!« ist die anzügliche Botschaft, die uns täglich auf Plakaten und in Werbeclips begegnet. Die Kirchen müssen selbstbewusst kontern mit: »Ihr wollt es eigentlich nicht!« Im biblischen Buch der Sprüche, das sich an junge Männer richtet, wird vor nichts so eindringlich gewarnt wie vor »bösen Buben« und »fremden Frauen«. Ich will diese Warnung auf den aktuellen Stand bringen, auch wenn ich damit in einige Minenfelder trete.

- »Gehen wir zu dir oder zu mir?« Darf man schon nach dem ersten Rendezvous miteinander schlafen oder erst nach dem dritten, womöglich erst nach dem zehnten? Das sind die Fragen, die sich Verliebte stellen, auch wenn sie noch lange nicht volljährig sind. Eltern ziehen sich diskret zurück, wenn die Tochter ihren Freund zum »ersten Mal« mitbringt, sich ihm womöglich zum Geburtstag »schenkt«. Sie ahnen, dass noch einige Lebensabschnittsromanzen folgen werden. Serielle Monogamie sagt man dazu, zu biblischen Zeiten hätte man entweder von serieller Unzucht oder seriellem Ehebruch gesprochen, jedenfalls von Sünde. Wer als Christ leben will, für den gibt es keinen Sex ohne Bindung.

- »Ziehen wir zu dir oder zu mir?« An dieser Stelle streife ich in der Vorstellung vieler Leser, auch einiger meiner Freunde, endgültig den Mullahkaftan über. Bevor sich ein Paar Eheringe kauft, hat es meistens schon Monate oder Jahre lang die gleichen Zahnpastatuben benutzt. Fast keine Hochzeit ohne vorherige Kohabitation. Deutsche Männer heiraten im Schnitt mit 32,4 Jahren, deutsche Frauen mit 29,4, wer will die intimsten Zärtlichkeiten schon bis dahin aufschieben? Schließlich will der Schritt vor den Traualtar gut überlegt sein, je später man den Bund fürs Leben schließt, desto länger hält er, statistisch gesehen. Auch immer mehr Pastoren leben erst in wilder, dann in ordentlicher Ehe. Aus christlicher Sicht muss man dagegenhalten: Die »Ehe auf Probe« ist zwar ein Massenphänomen, aber deshalb noch lange nicht gottgewollt. Entweder haben die Partner zwar nicht vor dem Standesamt, aber vor Gott zueinander »Ja« gesagt: Dann gibt es eigentlich keine Ausstiegsmöglichkeiten mehr, man könnte sich also gleich offiziell festlegen. Oder die Partner wollen zwar Intimität, aber keine letzte Verbindlichkeit: ein durchaus verständliches Motiv, aber kein biblisches. Ich würde mir dagegen wünschen, dass Christen öffentlichkeitswirksam für den Einklang von Ehe und Erotik eintreten.
- »... solange es gut geht.« Es hat sich viel verändert, seit Tacitus über die Germanen schrieb: »Überaus selten ist der Ehebruch.« Noch vor 150 Jahren staunte Stendhal: »In welchem Lande der Welt gibt es die meisten glücklichen Ehen? Unbestreitbar im protestantischen Deutschland.« Mittlerweile treten 400 000

Deutsche pro Jahr vor den Scheidungsrichter. Mit jeder Trennung wächst das Risiko, dass auch die nächste Ehe scheitert, um fast 40 Prozent. Für die täglichen TV-Seifenopern gilt: »Gute Zeiten« gibt es dort überwiegend für Unverheiratete, »Schlechte Zeiten« hingegen für Ehepaare, vor allem die mit Kindern; sie kommen entweder gar nicht vor oder schlecht weg. Wer mit solchen fiktionalen Vorbildern groß wird, bei dem schwindet die Fähigkeit, Beziehungskrisen durchzustehen. Deshalb sitzen auch in den Kirchenbänken immer mehr Geschiedene, immer mehr Singleväter, noch mehr Singlemütter. Sie sehnen sich nach innerer Heilung, aber auch nach neuen Partnern, wollen wieder heiraten. Pfarrer stehen dann vor dem Dilemma, dass die Schuldfrage schwer zu rekonstruieren ist. Kann man Menschen, die einmal gescheitert sind, zu lebenslänglicher Askese verurteilen? Jesus selbst hat sehr strenge Kriterien für eine zulässige Scheidung formuliert, nicht zuletzt, um sich damit schützend vor die potenziellen Scheidungsopfer zu stellen: Frauen, die unversorgt zurückgelassen werden. Heute werden Scheidungen überwiegend von Frauen eingereicht. Christen sind mit der Herausforderung konfrontiert, das Ideal der unauflöslichen Ehe aufrecht zu halten und wirksame Trennungsprophylaxe zu betreiben – gleichzeitig aber nicht das Zwangszölibat über alle Geschiedene zu verhängen.

- »Und Gott schuf sie als Mann und ...?« Wer sein Coming Out bekannt gibt, kann zumindest in den Boulevard-Medien mit Achtungsapplaus rechnen. Wer den umgekehrten Weg geht, gilt als pervers. Ein Freund

133

von mir, früher nach eigener Auskunft stockschwul, führt mit seiner Frau und seinen drei Kindern eine glückliche Ehe. Als ich davon einer Bekannten berichtete, die sich selbst für wertkonservativ hält, verzog sie angewidert das Gesicht. Wir bilden uns viel auf unsere Flexibilität ein, nur die geschlechtliche Orientierung sollen wir für schicksalhaft und unveränderlich halten.

Wer »schwul« sagt, muss auch »gut so« sagen. »Ich weiß, dass ich mich mit meiner natürlichen Neigung in völligem Einklang mit der Welt und mir befinde«, insistiert Hape Kerkeling in seinem spirituellen Tagebuch, »also warum sollte ich mich von irgendwem in die Disharmonie zwingen lassen, etwa weil ein katholischer Gott will, dass ich und mit mir unzählige Millionen von Menschen todunglücklich und unnatürlich werden?« Ich weiß: Wenn ich an dieser Stelle nicht schleunigst auf die Bremse trete, brettere ich durch den Political Correctness-Radar. Aber es hilft nichts, die Bibel verurteilt homosexuelle Praktiken als Sünde. Liberale Theologen relativieren den Befund mit der Behauptung, Moses und Paulus hätten nur Stricher und Päderasten im Sinn gehabt, von homosexueller Liebe zwischen gleichberechtigten Erwachsenen hätten sie nichts gewusst. Das stimmt. Weder die strengen Juden noch die dekadenten Griechen, noch die frivolen Römer kannten gleichgeschlechtliche Quasi-Ehen. Sie sind eine Erfindung der westlichen Spätmoderne. Von monogamen Beziehungen kann allerdings auch dort nur in den seltensten Fällen die Rede sein. Der schwule Aktivist Rosa von Praunheim spricht für die Mehrheit zumindest der homosexuell aktiven Männer, wenn er betont: »Promiskuität ist eine gute Sache, die ich auch lebe.« Wenn ich am Holocaust-Mahnmal vorbeikomme, sehe ich manchmal, wie Männer mittleren Alters in einem benachbarten Sauna Club verschwinden, auf der Suche nach virilen Hardbodys, die sie selbst nicht mehr haben; sexuell befreit wirken sie auf mich nicht. Wenn Menschen in diesem Milieu überdurchschnittlich häufig von Depressionen und Selbstmordgedanken heimgesucht werden, liegt das vermutlich nicht nur am homophoben Umfeld. Ich glaube nicht, dass genetische Prädispositionen oder frühkindliche Prägungen gegen die biblischen Maßstäbe ins Feld geführt werden können. Schon alleine aus Rücksicht auf die vielen jungen Menschen, die sich ihrer Identität als Männer oder Frauen unsicher sind, müssen Christen darauf hinweisen, dass der Gott des Alten und Neuen Testaments eben keine sexuelle Pluralität erlaubt. Das klingt grausam, das stellt Gläubige, die sich zum gleichen Geschlecht hingezogen fühlen, vor eine Zerreißprobe, genau wie Singles und sexuell frustrierte Eheleute, genau wie polygame Männer und nymphomane Frauen, genau wie mich selbst, öfter als mir lieb ist.

Da ist sie wieder, die schmallippige Lustfeindlichkeit der Puritaner, werden einige Leser denken. Was ist mit dem biblischen »Hohelied«, den »Brüsten wie Weintrauben«, die von Salomo dort besungen werden? Ich gebe zu: Ich hätte das Kapitel gerne positiv abgerundet, indem ich auf mein eigenes erfülltest christliches Sexualleben hingewiesen hätte. Nur: Ich habe keins. Und das ist (noch) gut so, auch wenn es zuweilen anstrengt. »Der Geist ist willig, aber das Fleisch ist schwach«, spricht Paulus mir aus der Seele. Er war nicht verheiratet, aber alles, nur kein vergeistigtes Wesen: »Ich bezwinge meinen Leib und zähme ihn, damit ich nicht anderen predige und selbst verwerflich werde.«

Vor ein paar Jahren habe ich entschieden, offline zu gehen. Ich habe meinen privaten Internet-Anschluss gekappt. Mein Vorbild heißt Hiob, der mit seinen Augen einen Vertrag schloss, damit er »nicht lüstern blickte auf eine Jungfrau«. Porno Storno, sozusagen. Noch nicht beherzigt habe ich Luthers Ratschlag: »Ehelich werden ist eine Arznei für Hurerei.« Eine Arznei, kein Allheilmittel, wie die folgende Verzweiflungstat eines Mitarbeiters von Billy Graham zeigt. Auf einer Dienstreise wurde er beinahe zu einem Seitensprung verleitet. Er schloss sich in seiner Not im Hotelzimmer ein und warf den Schlüssel aus dem Fenster. Irre? Irre stark.

Am Schluss von John Miltons Versepos »Das verlorene Paradies« verlassen Adam und Eva den göttlichen Garten und nehmen Kurs auf eine ungewisse Zukunft: »Sie gingen Hand in Hand, langsamen Ganges / Durch Eden einsam wandernd ihren Weg.« Größer als der Schmerz, nicht im Paradies zu leben, ist bei fast allen Christen, die ich kenne, die Angst davor, den Weg durch die Welt alleine gehen zu müssen. Viele wählen lieber die falschen Begleiter, schlagen verkehrte Richtungen ein, als auf sich allein gestellt zu bleiben. Deshalb sind alle frommen Askese-Appelle sinn- und wirkungslos, wenn sie nicht an konkrete Beziehungsangebote gekoppelt sind. Gott garantiert nicht jedem von uns eine perfekte Partnerschaft, aber er hat die Kirche eingerichtet. Und die ist so viel mehr als nur ein Versorgungsposten auf Durststrecken.

4.3 Kirchenwachstum:
Gott für alle, alle füreinander

Die Kirche kann uns heiliger machen, die Kirche kann uns fertigmachen. Wir können manchmal nur schwer mit der Kirche leben, aber auf keinen Fall ohne. Der amerikanische Theologe John Dominic Croissant fasst die postmoderne Geisteshaltung wie folgt zusammen: »Es gibt keinen Leuchtturmwärter. / Es gibt keinen Leuchtturm. / Es gibt kein Festland. / Es gibt nur Menschen auf schwankenden Booten, die sie aus ihrer eigenen Einbildung gezimmert haben. / Und es gibt das Meer.« Auch für Christen gibt es das Meer. Aber unser Boot heißt Kirche. Es wurde vom Leuchtturmwärter selbst gebaut. Und es wird uns ans Ufer bringen.

Wenn etwas Christen kennzeichnet, dann, dass sie besser vernetzt sind als der Bevölkerungsdurchschnitt. Der Soziologe Robert Putnam kommt zu dem Schluss: »Kirchlich aktive Menschen kennen einfach mehr Leute als andere.« Tomas, der atheistische Held des Romans »Die unerträgliche Leichtigkeit des Seins«, ist geschockt, als sein Sohn sich zum Christentum bekehrt. Dann versteht er, warum: »Ich habe gläubige Menschen immer bewundert. Ich habe gedacht, dass sie eine besondere Gabe übersinnlicher Wahrnehmung besitzen, die mir versagt ist. Etwa wie Hellseher. Nun sehe ich aber am Beispiel meines Sohnes, dass Glauben im Grunde genommen etwas sehr Leichtes ist. Als er in Schwierigkeiten war, haben sich die Katholiken seiner angenommen, und auf einmal war der Glaube da.« John Donne dichtete: »Keiner ist eine Insel / In sich selbst vollständig / Jeder ist ein Stück des Kontinents / ein Teil des Ganzen.« Kirchen sind einerseits kleine Kontinente, andererseits aber auch große Familien. Der Journalist Frank Schirrmacher definiert Familien als »Sozialsysteme, deren Mitglieder immer wissen, wo die anderen gerade sind«. Christen sind dafür da, füreinander da zu sein. Wenn wir Gott anrufen, lässt er uns nicht in der Warteschleife hängen, sondern verbindet uns mit anderen Christen.

Allerdings kommen auch Zeiten, in denen die Kirche nur aus abweisenden Betonfassaden zu bestehen scheint. Manchmal fahre ich melancholisch gestimmt durch Berlin, vorbei an vollen Biergärten und Straßencafés. Und ich hoffe, an einer offenen Kirchentür vorbeizukommen, von drinnen Stimmen und Instrumente zu hören, einzutreten, mich in eine Bank zu setzen mit anderen Christen Gottes Gegenwart zu erleben. Aber die Türen sind zu, die Sprechzeiten nachmittags; wenn sich Christen wochentags treffen, dann vorwiegend in geschlossenen Veranstaltungen, ohne Insider-Wissen kein Einlass. Ich frage mich, wie es Großstadtnomaden geht, die nicht bereits kirchlich vernetzt sind. Wie finden sie den Weg zu uns?

Zuweilen beneide ich meine katholischen Freunde darum, dass sie sich in ihre Kirche wie in einen Mutterschoß zurückziehen können, dass sie Heilsängste und Glaubenszweifel an eine Institution delegieren können, die für sich eine besondere göttliche Legitimation in Anspruch nimmt. Andererseits: Wer katholischer Christ wird, muss nicht nur einen, sondern zwei Sprünge des Glaubens machen, erst in die Arme Gottes, dann in den Schoß der Kirche mit ihren dogmatischen Besonderheiten. Als Protestant glaube ich dagegen, dass es eine Straße des Glaubens gibt, aber viele Spuren darauf. Wenn in den Vereinigten Staaten viermal so viele Menschen regelmäßig in die Kirche gehen wie in Deutschland, dann liegt das unter anderem an dem freien Wettbewerb der Denominationen. Wo der Glaube nicht unter eine volkskirchliche Käseglocke gezwängt wird, entfaltet er sich freier.

Entscheidend ist ohnehin, was an den Graswurzeln passiert, in den örtlichen Gemeinden und in den Keimzellen der Kirchen, den Familien. Kirche, das war für mich als Kind nicht nur der Barockbau mit Kanzel, auf die mein Vater jeden Sonntag stieg, sondern der Hausflur, in dem er uns jeden Tag mit dem priesterlichen Segen in die Schule verabschiedete: »Der Herr segne und behüte euch, der Herr lasse sein Angesicht leuchten über euch und sei euch gnädig.« Ich fürchte, vielen christlichen Eltern ist nicht bewusst, dass sie für die Zukunft der Kirche Verantwortung tragen. Der vom braven Pastorensohn zum bissigen Pfaffenhasser mutierte Friedrich Nietzsche beklagte sich einmal: »Meine Erziehung ist in ihren Hauptteilen mir selbst überlassen worden.« Im Gegensatz dazu sollten christliche Eltern ihren Kindern den Glauben erklären, vor allem aber selbstverständlich vorleben. »Kinder sind Reisende, die nach dem Weg fragen«, sagt ein indisches Sprichwort. Eltern, die ihren Kindern den Weg zu Gott zeigen, gestalten »Kirche von unten« im besten Sinne.

Die Kirche ist mehr als die Summe ihrer Mitglieder, denn in der Kommandozentrale waltet und schaltet der

Heilige Geist. Trotzdem ist die Kirche keine Heiligenfabrik, sondern eine Gemeinschaft von Gestrauchelten, von Menschen mit Macken und Mundgeruch. Oft verzweifle ich über das, was mir wie Gottes letztes Aufgebot vorkommt, seine Reha-Truppe. Viele Christen sind styletechnisch hoffnungslose Fälle, davon zeugt die Vollbartdichte in den besonders ernsthaften Gemeinden. In Abwandlung eines Zitats von Groucho Marx müsste ich allerdings zugeben: Ich möchte zu keiner Kirche gehören, die Leute wie mich als Mitglieder hat. Denn auch ich bringe mehr Soll mit als Haben. Christen sind nicht besser als andere, nicht einmal netter, schon gar nicht klüger. Das galt schon für das Dutzend, mit dem Jesus durch Galiläa zog. Was für ihn zählte, war offenbar nicht die Substanz, sondern das Potenzial seiner Jünger. Deshalb sollte es uns nicht irritieren, wenn sich wenige Top-Akademiker und Spitzenverdiener in unseren Kreisen einfinden. Das übrig gebliebene Häuflein kann, wie die Kirchengeschichte beweist, über sich hinauswachsen. Was mich jedes Mal beeindruckt, wenn ich in Asien, Afrika oder Lateinamerika eine Kirche besuche, ist die Freundlichkeit gegenüber Fremden. »Daran wird jedermann erkennen, dass ihr meine Jünger seid, wenn ihr Liebe untereinander habt«, lehrte Jesus. Kirche ist, wo Menschen ein Netzwerk der Liebe spannen, wo sie gemeinsam Gott, einander und der Welt dienen.

Wenn von Kirchenwachstum die Rede ist, dann meistens in einem quantitativen, nicht qualitativen Sinn. Doch wer in die Breite wachsen will, muss erst tiefe Wurzeln schlagen. Dabei sind Personen wichtiger als Programme: lieber fünf Gerechte in den eigenen Reihen als fünfhundert Gesättigte. Wer in der Kirche die Knieleisten durch Nackenschoner ersetzt, wer Schnuppertage anbietet, aber kein geistliches Höhentraining, wird nicht bestehen. In der Popkultur geht der Trend zum Milchkaffee-Sound. »Alles an diesen Platten«, lästerte neulich der »Spiegel« über den gefälligen Mix aus Jazz und Kuschelrock, »ist der kleinste gemeinsame Nenner. Sie sind weder wirklich gut, noch sind sie wahrhaft schlecht. Sie haben Melodien, die leicht ins Ohr gehen und doch nicht im Gedächtnis bleiben. Sie sind so glatt, dass sie wie eine weiße Wand im Raum sind, auf deren Hintergrund das Eigentliche stattfindet.« Auch ich höre oft Latte macchiato-Predigten: auf hübsch getrimmt, statt aufzurütteln und Herzen zu erweichen. Predigten sollen »flott machen zur Handlung«, forderte Kierkegaard. Es ist nun einmal so: Wir brauchen Zuspruch, um uns gut zu fühlen. Aber wir brauchen Widerspruch, um zu wachsen. Manchmal sind Streicheleinheiten angebracht, oft aber auch Appelle, so ähnlich wie Jürgen Klinsmanns feurige Kabinenansprachen in der WM-Retrospektive »Deutschland, ein Sommermärchen«. Wer eine Kirche betritt, sollte auf die Begegnung mit dem lebendigen Gott und damit auf alles gefasst sein, sagt die Pulitzer-Preisträgerin Annie Dillard: »Wir sollten Sturzhelme aufziehen, die Platzanweiser sollten Schwimmwesten und Sauerstoffgeräte verteilen, sie sollten uns an unseren Bänken festbinden.« Wer eine vitale Kirche sucht, sollte sich an den Erkenntnissen von Eheberatern orientieren: Als Voraussetzung für ein erfüllendes Liebesleben gilt, dass die Partner rechtzeitig von einer Komfortzone in einen Wachstumszyklus wechseln, dass sie einander in ihrer Andersartigkeit immer wieder neu entdecken, dass sie eine positive Spannung erhalten. Gute Kirchen helfen, Gott in seiner Erhabenheit und uns selbst in unserer Begrenztheit wahrzunehmen; sie motivieren uns aber auch dazu, die Spannung positiv in Wachstum zu verwandeln.

Manche Christen verwechseln Nachfolge mit Nibelungentreue, sie verharren in dysfunktionalen Kirchengemeinden, sie wollen das Fallende stützen, werden aber am Ende unter den Trümmern begraben. »Ich halte den wirklich für keinen Christen, dem sich nicht sein ganzes Innere aufbäumt, wenn er eine solche Verwahrlosung im Dienste Gottes, unseres Herrn, sieht«, schimpfte Ignatius von Loyola über laxe Klostergemeinschaften. Luther verstieg sich sogar zu der Behauptung: »Falsche Prediger sind schlimmer als Jungfrauenschänder.« Wir leben in Zeiten, in denen kirchliche Missstände nicht schicksalhaft hingenommen werden müssen. Manchmal ist der einzig richtige Weg der nach draußen in eine andere Gemeinde. Ich rate deshalb, kirchliche Beziehungen auf den Prüfstand zu stellen. Wo wir unseren Glauben lernen, entscheidet darüber, wie wir ihn im Alltag leben. Meine persönliche Checkliste sieht so aus:

- **Seelenwächter** suchen: Der »Fisch« – das antike Symbol des Christentums – duftet oder stinkt vom Kopf her. Wer ein geistliches Amt führt, hat den vielleicht wichtigsten Job überhaupt. Der Autor des Hebräerbriefs spricht von »Wächtern der Seele«. Ich bin skeptisch bei Seelenwächtern, denen in Predigten der Name »Jesus« kaum über die Lippen kommt; die durch historisch-kritische Relativierungen unentwegt Gräben zwischen uns und der Bibel ausheben; die

Liebe und Gebote, Gnade und Sünde, Jesus und die Apostel, Altes und Neues Testament gegeneinander ausspielen; die den Kompromiss suchen vor dem Ideal; die ihre eigene Biografie und die Tagespresse für primäre Offenbarungsquellen halten; die sich mit Head-Set elegant zwischen Pult und Powerpointpräsentation bewegen, die aber mehr in die eigene Performance vernarrt sind als in den biblischen Text. Woran erkennt man die guten Seelenwächter? An Kompetenz und Leidenschaft. Daran, dass sie Gott von ganzem Herzen lieben *wollen* und den Glauben mit ganzer Kraft lehren *können*.

- **Seelenverwandte identifizieren:** »Ich halte mich zu allen, die dich fürchten und deine Befehle halten«, gelobt der Psalmist. Wir sollten uns mit Menschen umgeben, die in die gleiche Richtung rudern, dafür misstrauisch sein bei Christen, die Kirchenangebote ausschließlich danach beurteilen, ob sie ihnen »gut tun« oder ihnen »etwas bringen«. Irgendwann werden sie auf den Luxusliner springen, der vorbeidampft. »Stehe nicht mit jedermann auf vertrautem Fuße«, riet Ignatius von Loyola, »frage den Geist, zu wem es dich am meisten hinzieht.« George Eliot schwärmte: »Die Gegenwart eines edlen Wesens, das nach Großmut strebt und leidenschaftlich nach Güte, lässt uns alles in einem andren Licht erscheinen«, im Fall von leidenschaftlichen Christen in Gottes Licht. Ich erlaube mir, ein Zitat von Schiller zu frisieren: Mittelmäßiger Umgang schadet mehr, als der versierteste Organist und die professionellste Lobpreisband wettmachen können. Paulus riet, innerhalb der Gemeinde zu notorischen Ketzern auf Distanz zu gehen, ebenso zu Playboys, Abzockern und Spöttern, kurz: zu allen »Brüdern und Schwestern«, die trotz wiederholter Ermahnung »unordentlich leben«. Manchmal müssen wir Spaßbremsen sein.

- **Seelenbalsam sein:** »Ein Lächeln«, so ein Sprichwort, »ist der kürzeste Weg zwischen zwei Menschen.« Wenn ich einen neuen Gottesdienst besuche, beobachte ich, ob die Besucher sich anlächeln. Und anschließend registriere ich, ob sie miteinander ins Gespräch kommen. Im Hebräerbrief heißt es: »Lasst uns aufeinander achthaben und uns anreizen zur Liebe.« Judas, nicht der Verräter, sondern ein Verwandter Jesu, bittet in seinem Brief: »Erbarmt euch derer, die zweifeln, andere reißt aus dem Feuer und rettet sie.« Bevor Jan Ullrich seine erste und einzige »Tour de France« gewann, peitschte ihn sein Teamkollege Udo Bölts mit dem Zuruf »Quäl dich, du Sau!« über die letzte Bergetappe. Als kirchlicher Standardgruß eher ungeeignet, aber das Prinzip – schwächelnde Pilger wieder heiß zu machen – sollten wir uns zu eigen machen. Bei aller nötigen konstruktiven Kritik sollten wir außerdem nie zu Nörglern werden. Ich orientiere mich an der Formel, die der Partnerschaftspsychologe John Gottman entwickelt hat. Ihm zufolge liegt bei glücklichen Paaren das Verhältnis positiver und negativer Aussagen übereinander bei fünf zu eins oder höher! Kritik ja, aber fünfmal so viel Lob – wäre doch schön, wenn Christen so über ihre Kirche redeten.

Ich weiß, dass sie es nicht leicht haben: die Männer und

Frauen in Schwarz (oder was immer der Dresscode geistlichen Führungskräften vorschreibt). Sie sollen den Kopf in den Himmelswolken haben, gleichzeitig die Füße fest auf dem Boden. Sie sollen sich nah an den Menschen und ihren Problemen bewegen, aber auch die Alltagsrealität auf Abstand halten, Räume schaffen, in denen man Gottes Gegenwart erleben kann. Sie sollen tapfer voranschreiten, auch wenn sie selbst durchs Säurebad des Lebens waten müssen. Ich weiß, wovon ich schreibe: Ich habe Jugendkreise geleitet, Kindergottesdienste gehalten, Gemeindebriefe redigiert, ich habe mitverfolgt, wie mein Vater mit feuchten Händen und weichen Knien zu Gemeindevorstandssitzungen gegangen ist. Mein wichtigster Ratschlag für unsere Seelenwächter und Seelentrainer: Sie sollten den Fokus zuerst auf Personen, dann auf Programme richten. Das Wer kommt vor dem Wie. Dabei können die vier folgenden Leitlinien hilfreich sein:

- **Gesucht: Alle.** Vor Gott gilt gesellschaftlicher Nimbus nichts. Menschen aus Sozialhilfe-Dynastien zählen genau soviel wie Hochadelssprösslinge. Tatsächlich finden oft nur die, die einen leeren Magen oder vom Leben die Schnauze voll haben, den Weg in die Kirche. Ein antikes Beispiel dokumentiert den Unterschied zwischen säkularen und christlichen Mentoren: Der vielleicht größte Philosoph, Aristoteles, kümmerte sich um Alexander den Großen. Der größte Theologe, Paulus, unterrichtete den entlaufenen Sklaven Onesimus.
- **Dringend gesucht: Nachfolger.** Charakter ist wichtiger als Talent. »Engagiere und fördere nur Leute, die

fest an die Sache glauben«, rät der Top-Manager Jack Welch. Was für Konzerne gilt, trifft in diesem Fall auch für die Kirche zu. Oft vergessen wir: Im Neuen Testament kommt das Wort »Christen« nur dreimal vor, das Wort »Jünger« dafür fast dreihundert Mal! Statt von »Christen« müsste man korrekt von »Christusnachfolgern« reden. Das vorrangige Ziel ist demnach nicht, Menschen zu »bekehren«, schon gar nicht, sie als Kirchensteuerzahler heranzuziehen, sondern sie zu Gottes Azubis zu machen.

- **Verschärft gesucht: Nachwuchs.** In Deutschland treten vor allem Menschen um die 30 aus der Kirche aus. Wer hat sie in ihrer Prägephase angesprochen? Als sie noch ihren Platz suchten, noch nicht wussten, wohin mit ihrem Potenzial und ihrer Passion? Vor allem für kreativ veranlagte Persönlichkeiten gilt, was die dänische Autorin Tania Blixen geschrieben hat: »Für einen Künstler ist es schrecklich und unerträglich, wenn er dazu ermutigt wird, nur sein Nächstbestes zu geben, und dafür noch Beifall bekommt. Durch die ganze Welt schallt unablässig der eine Schrei aus dem Herzen des Künstlers: Erlaubt mir doch, dass ich mein Äußerstes gebe.« Ich bin überzeugt: Gerade viele junge Menschen sehnen sich nach nichts so sehr, wie ihr Äußerstes für den Allmächtigen zu geben.
- **Verzweifelt gesucht: Männer.** Zwei von drei Gottesdienstbesuchern sind weiblich. Selbst die angeblich »sucher-orientierten« Gottesdienste erwecken vielfach den Eindruck, als hätten die Veranstalter zu viel »Freundin« gelesen. Mäandernde Predigten mit sentimentaler Beziehungs- und Befindlichkeitsrhetorik und

als Lobpreis camouflierter Minnesang schrecken viele Männer ab. Die Kirche braucht deshalb eine »Testosteron«-Offensive mit mehr Bass, mehr inhaltlicher Stringenz und Gewichtigkeit, vor allem mehr kantigen Glaubensvorbildern.

Gute Seelenwächter vertrauen nicht nur auf Gottes Macht, sondern rechnen auch mit der menschlichen Schwäche. Damit meine ich nicht die zynische Arroganz des Großinquisitors in Dostojewskis »Brüder Karamasow«. Der sah die einzige Möglichkeit, die »ewig lasterhaften und ewig undankbaren« Menschen zu erlösen, darin, sie zu versklaven. Im Gegensatz dazu hat Jesus immer wieder an den Willen der Menschen appelliert, sie zur Änderung von Verhaltensweisen aufgerufen. Ihm war jedoch auch bewusst, dass Menschen ihre Überzeugungen schnell ändern, nur langsam aber ihre Gewohnheiten, dass Kamele sich eher durch Nadelöhre zwängen, als dass manche Menschen über ihre Schatten springen. Wir sind frei, gleichzeitig unglaublich festgelegt. Geistliche Führungskräfte, die uns zu Jesus-Nachfolgern qualifizieren wollen, sollten deshalb die folgenden vier Schritte beherrschen:

- **Elektrisieren.** Vor einigen Jahren habe ich auf dem Dach eines Tanzclubs in Los Angeles einen Gottesdienst erlebt. Die Skyline der Innenstadt erleuchtete den Nachthimmel, Helikopter kreisten, die Sirenen von Polizeiwagen heulten, vermutlich machten sie Jagd auf irgendwelche Gangs. Und wir sangen: »Our God is an awesome God!« Ich habe Gottes Gegenwart selten so hautnah erlebt. Ein Satz des Pastors, Erwin McManus, ist mir im Gedächtnis geblieben: »Ich möchte dabei helfen, eine Atmosphäre zu schaffen, in der Gott nicht geleugnet werden kann.« Der Religionssoziologe Peter L. Berger hat eher traditionelle Sakralformen im Sinn, wenn er schreibt: »Jeder echte Gottesdienst ist ein mühevoller Versuch, Erhabenheit im Sinne von Transzendenz herzustellen.« Ob hochliturgisch oder flippig, Ziel aller kirchlichen Veranstaltungen muss es sein, Menschen in die Begegnung mit dem unbeschreiblichen »Ich bin, der ich sein werde« zu bringen. Dabei spielen Rituale eine wichtige Rolle. Wir Protestanten haben nur zwei Sakramente (und inszenieren diese oft recht lieblos): die Taufe und das Abendmahl. Hier, und nicht bei Weihnachten und Ostern, handelt es sich um die größten christlichen Feste. Laut Katechismus sind es »heilige Wahrzeichen und Siegel«, also Einfallstore für das Licht der Ewigkeit und konkrete Segenshandlungen Gottes an uns. Bei allzu ritualisierten Gottesdienstformen besteht allerdings die Gefahr der Abnutzung. Menschen, die Gott suchen, genügt es nicht, routiniert umlullt zu werden; sie wollen gebannt werden. Die Zeitschrift »Psychologie heute« attestiert den Menschen eine unstillbare »Lust auf Neues« und behauptet: »Der Schlüssel zur Zufriedenheit ist eine bestimmte innere Unruhe.« Für den Hirnforscher Ernst Pöppel liegt eine echte Erkenntnis dann vor, »wenn man freudig erschrickt«. Wer vor eine Gemeinde tritt, sollte sich vornehmen, in den Köpfen sanfte Detonationen auszulösen und die Herzen im Kochwaschgang weich zu spülen. In diesen coolen Zeiten fesselt nichts so sehr wie echte, barmherzige Leidenschaft.

- **Definieren:** »Meine Gedanken sind nicht eure Gedanken«, lässt Gott den Propheten Jesaja ausrichten, »und eure Wege sind nicht meine Wege.« Was exakt Gottes Gedanken und Wege sind, kann nicht als selbstverständlich vorausgesetzt werden, sondern muss immer wieder definiert werden. Das Wort »definieren« leitet sich vom lateinischen »abgrenzen« her. Wer Konturen festlegt, grenzt natürlich auch aus. Das Evangelium steht den säkularen Entwicklungen meistens im Weg, es ist anti-zyklisch und mehrheitsfeindlich. Deshalb schweigen viele Pfarrer zu bestimmten ethischen Fragen hartnäckiger als Bundestagsabgeordnete zu ihren bezahlten Nebentätigkeiten. Ich bin überzeugt, in diesem Fall unterschätzen sie nicht nur Gott, sondern auch ihre Zuhörer. Viele haben genug von dem Placebo »Alles ist gut« und dem Aufputschmittel »Alles wird gut« und erhoffen sich klare Ansagen.

- **Konfrontieren:** In dem Film »Falling Down« spielt Michael Douglas einen von Behördenschikanen und Bandenkriminalität frustrierten Bürger, der Amok läuft. Als die Polizei ihn stellt, fragt er ungläubig: »Bin ich etwa der Bad Guy?« – Wer als Nichtchrist eine Kirche betritt, ist eigentlich ein »Bad Guy«, den Gott stellen und erlösen will. Das ist die brutalstmögliche, aber auch befreiendste Nachricht, die uns Pastoren nicht ersparen sollten. Aus der Bibel wissen wir: Alle Menschen, die Gott begegnen, sind zunächst schockiert. Gottes Geschichte mit seinem Volk beginnt mit einer Frontalattacke, dem Befehl an Abraham: »Gehe aus deinem Vaterland und von deiner Verwandtschaft.« Manchmal müssen Menschen ermuntert werden, aus liebgewordenen Sozialstrukturen und Verhaltensmustern auszubrechen, um Gott nachzufolgen.

- **Motivieren:** Mein persönlicher Predigtrekord liegt bei 75 Minuten und 15 Punkten. Als neutraler Predigtrezensent müsste ich dazu sagen: Setzen, sechs! Durch die Arbeit beim Fernsehen bin ich diszipliniert worden. Hier gilt: Wessen Beitrag zu lang wird, den bestraft die Sendeleitung, notfalls mit Nicht-Ausstrahlung. Mein erster Ratschlag an alle Prediger basiert auf der wissenschaftsgestützten Erkenntnis: Wer zu viel bringt, bringt zu wenig. Schon ein paar Minuten nach einer Tagesschau können die Zuschauer kaum noch zwei Nachrichtenthemen nennen. Und das, obwohl Bilder sich besser einprägen als Worte. Wenn die Zuhörer *einen* Predigtgedanken mit nach Hause nehmen, ist das also schon viel. Gute Prediger reden nicht länger als 20 bis 25 Minuten, sie erläutern anhand eines Bibeltextes *einen* zentralen Gedanken in mehreren Schritten (nicht mehrere Gedanken in jeweils mehreren Unterpunkten!). Mein zweiter Ratschlag: Nur das Konkrete kann später umgesetzt werden. In einem berühmten Experiment wurden Theologiestudenten getestet, die gerade eine Vorlesung über den Barmherzigen Samariter gehört hatten. Draußen wurde ihnen ein vermeintliches Unfallopfer in den Weg gelegt. Die wenigsten Studenten wollten Erste Hilfe leisten. Offenbar war ihr eigenes Gewissen in der Vorlesung nicht geschärft worden, sie hatten nicht den Transfer zwischen der zweitausend Jahre alten Geschichte und ihrem eigenen Leben gemacht.

Der Philosoph Walter Benjamin bezeichnete es als eine der wichtigsten Aufgaben der Kunst, »eine Nachfrage zu erzeugen, für deren volle Befriedigung die Stunde noch nicht gekommen ist«. Das gilt erst recht für Kirchen. Sie haben den Auftrag, das in Menschen schlummernde heilige Potenzial zu aktivieren und in Gottes Richtung zu kanalisieren. Arthur Koestler sah den »göttlichen Funken« der Kreativität überall da entzündet, wo sich bisher »verbindungslose gedankliche Bezugssysteme« miteinander verbinden. Die schönsten Feuerwerke ereignen sich da, wo sich unsere Gedanken mit der göttlichen Offenbarung kreuzen. Die Kirchen können dafür die Weichen stellen.

4.4 Weltverbesserungsmaßnahmen: Erste Hilfe

Das wichtigste Kapitel ist das kürzeste, weil es von jedem Leser selbst geschrieben werden muss.

Es gibt mindestens 6,6 Milliarden Wege, Güte zu vermehren – so viele, wie es Menschen gibt. Vermutlich ist keine so effizient, wie die von Bill und Melinda Gates und ihrer 60 Milliarden-Dollar-Wohltätigkeitsstiftung. Gleichzeitig sind es oft nicht große Schecks, sondern kleine Gesten, die Herzen aufhellen können. In »28up«, einer Langzeit-Dokumentation über britische Normalbürger, antwortet der zum Landstreicher heruntergekommene Neil auf die Frage, womit man ihn glücklich machen könne: »Freundliche Worte.« Am 9. September 2006 war ich als Zuschauer dabei, als sich rund 100 Vordenker aus aller Welt in Berlin um einen riesigen runden Tisch versammelten. Jeder von ihnen formulierte Antworten auf die 100 wichtigsten Fragen der Welt. Mich hat Frage Nr. 98 besonders bewegt. Die 21-jährige Nadia aus Costa Rica wollte wissen: »Wie kommt es, dass wir so viele Menschen sind, aber uns trotzdem so alleine fühlen?« Gegen die Kälte in der Welt sollten wir Christen etwas unternehmen. Wie, dazu hat der katholische Katechismus einiges zu sagen. Hier wird zwischen »geistlichen« und »leiblichen« Werken der Barmherzigkeit unterschieden. Zu den ersten gehören die folgenden Dienstleistungen »belehren, Ratschläge geben, trösten, ermutigen, vergeben und geduldig ertragen«. Um handfeste Hilfe geht es

153

dagegen bei den Werken, die sich an einer Schlüsselrede von Jesus orientieren: Hungrige speisen, Obdachlose beherbergen, Kranke besuchen, Nackte bekleiden, Gefangene besuchen, Tote begraben und Almosen geben.

Das US-Magazin »Christianity Today« hat vor einigen Jahren eine Liste veröffentlicht: »100 Dinge, die die Kirche richtig macht.« Knastseelsorger wurden da vorgestellt, Bibelübersetzer, Fair-Trade-Aktivisten, Ehe-Krisenhelfer, Betreuer von AIDS-Kranken, Babyklappen-Organisatoren, Jobvermittler für Migranten, Wellblech-hütten-Missionare, insgesamt hundert christliche Weltverbesserer. Mir fallen noch viele andere gute Zwecke ein. Etwa, Geld spenden für die 860 Millionen Hungernden in aller Welt oder die 15 Millionen AIDS-Waisen. Oder einfach in die Nacht hineinhören, ob da jemand schreit und wimmert. Täglich laufen Zigtausende Deutsche mit Quetschungen und Blutergüssen herum, Opfer von häuslicher Gewalt. Und was ist mit dem Schutz des un- und neugeborenen Lebens? »75 Prozent der Deutschen«, meldet die »Süddeutsche Zeitung«, fänden »nichts dabei, ein schwerbehindertes Kind nach der Geburt sterben zu lassen.«

In der Nächstenliebe ist das Nächstliegende oft das Beste. »Gib Liebe mir und einen frohen Mund«, betete Achim von Arnim. Christen müssen sich nicht gleich ein Beispiel nehmen an Mutter Teresa oder Desmond Tutu. Mich hat zum Beispiel eine Passage aus dem Roman »Der große Gatsby« angesprochen. Dort notiert sich Gatsby, noch jung und nicht groß, einen bemerkenswerten Vorsatz: »Besser zu den Eltern sein.«

Das Christentum ist eine bottom-up, keine top-down

Religion. Jesus forderte nicht, einen Gottesstaat zu gründen, in der Wohltätigkeit administriert wird. Er setzte auf die Revolution der Herzen. Die Reform der Strukturen sollte eine natürliche Folge sein. »Wenn eine Seele Moral hat«, schreibt Robert Musil, »dann gibt es für sie eigentlich keine moralischen Fragen mehr, sondern nur noch logische.«

Die logische Frage, die sich viele Christen stellen, ist: Wie viel Gutes tun ist gut genug? Eltern, die morgens ihren Kindern die Brotdose packen, dann ins Büro abrauschen, Einkäufe erledigen, Kirchentermine wahrnehmen und außerdem ein glückliches Familienleben aufrechterhalten wollen, sind am Limit angekommen. Einmal im Monat Kuchenbacken für den Dritte-Welt-Basar ist vielleicht noch drin, hier und da ein Euro für die abgerissenen Gestalten mit dem »Pflasterstrand«, mehr Multi-Tasking geht kaum, ohne selbst zum Burn-Out-Fall zu werden. Mein Ratschlag: die Herausforderungen auf sich zukommen lassen. »Wer weiß, Gutes zu tun, und tut's nicht, der sündigt«, heißt es im Jakobusbrief.

Ich selbst fahre viel lieber den Computer hoch, als dass ich die Ärmel hochkremple, schreibe lieber erbauliche Texte, als den Kältebus für Obdachlose zu steuern. Reicht das Gott und meinen Mitmenschen? Ich würde mich an dieser Stelle gerne mit einem Missionseinsatz in Mexiko brüsten. Die Kirche, der ich während meines Studiums in Los Angeles angehörte, schickte jedes Jahr einen Bautrupp über die Grenze nach Tijuana, um einer Partnerkirche zu helfen. Ich wäre fast dabei gewesen, wenn mich ein Grippevirus nicht an die Couch gefesselt hätte. Wieder kein Frontdienst! Ich tröste mich seitdem mit der Einstellung: Wenn der Heilige Geist mich für Knochenarbeit braucht, wird er mich rufen.

In den nächsten Jahrzehnten werden Christen in Deutschland viel zu tun bekommen. Die Hartz IV-Eckkneipen werden schon jetzt immer voller, die Unterschicht wächst, das Prekariat schwillt an. Wer keine Ausbildung hat, keinen Job, keine finanziellen Rücklagen, keine wohlhabende Familie, wer dazu noch gesundheitliche Probleme hat, dem wird's in Zukunft dreckig gehen. Wenn die geburtenstarken Jahrgänge in Rente gehen, droht die Opakalypse. Die Wohnsilos werden bevölkert sein von Millionen alter, armer Menschen, die kaum das Geld für warme Mahlzeiten zusammenkriegen, geschweige denn für neue Hüftgelenke. Da trifft sich gut, dass Christen ohnehin eher in Suppenküchen als in Ballsälen in ihrem Element sein sollten.

Es geht allerdings nicht ausschließlich darum, die Welt humanistisch aufzuhübschen. Philanthropie und Theologie gehören zusammen. Gott will nicht nur lindern, er will lieben. »Finsternis bedeckt das Erdreich und Dunkel die Völker«, ruft der Prophet Jesaja uns zu, »aber über dir geht auf die Herrlichkeit des Herrn.« Wir sollten uns deshalb bemühen, Gottes Scheinwerfer auf unsere Mitmenschen zu richten, das heißt: sie in eine Beziehung zu Gott zu bringen. Ich kann Christen wie den Autor John Updike verstehen, der zugibt: »Ich verspüre weder im persönlichen Umgang noch in meinen Büchern sonderlich Lust zu missionieren.« Das geht mir genauso. So vollmundig ich als Autor auftrete, so kleinlaut agiere ich oft im persönlichen Gespräch. Ich bin auf Harmonie und gute »Vibes« programmiert, suche instinktiv das Verbindende.

Dabei sollte ich offensiv dafür sorgen, meine Mitmenschen mit Gott zu verbinden.

Von dem Wissenschaftsjournalisten Malcolm Gladwell habe ich gelernt: »Kleine Gruppen mit einem starken Zusammengehörigkeitsgefühl haben die Kraft, das epidemische Potenzial einer Botschaft zu vergrößern.« Christen, die sich gemeinsam dem Ziel der Weltverbesserung verschreiben, können eine positive Epidemie auslösen. Wenn sie sich nicht von den falschen Viren anstecken lassen, sondern erst von Gott und dann voneinander. Ich habe dieses Buch als positiven Bazillus konzipiert. Ich hoffe, er steckt an. Ich hoffe, Gott steckt an. Wie ansteckend Gott sein kann, habe ich bei meinem letzten Kirchenbesuch erlebt: ein Gottesdienst für Glaubensdistanzierte in der »Kaiser-Wilhelm-Gedächtniskirche«. Die Kirche war voll. Nach der Veranstaltung irrte eine Fernsehjournalistin durch den Saal, suchte vergeblich nach echten Heiden. Einige waren wohl schon gegangen, andere zwar als Heiden gekommen, aber als Christen gegangen. Sie waren im Gottesdienst der Einladung des Pastors gefolgt, sich öffentlich für den Glauben zu entscheiden: eine Handvoll Menschen, die sich rund um das Taufbecken aufstellten und laut die schlichten Worte sprachen, die ein unmerkliches galaktisches Beben auslösen und dem Leben so viel Mehr-Wert geben: »Jesus, ich glaube an dich.«